REFUTATION

DU NOUVEL OUVRAGE

D E

JEAN-JACQUES ROUSSEAU,

INTITULÉ:

ÉMILE, ou *DE L'EDUCATION*.

REFUTATION

DU NOUVEL OUVRAGE

DE

JEAN-JACQUES ROUSSEAU,

INTITULÉ:

EMILE, ou *DE L'EDUCATION*.

A PARIS,

Chez Desaint & Saillant, Libraires,
rue S. Jean-de Beauvais, vis-à-vis
le Collége.

MDCCLXII.

Avec Approbation & Privilége du Roi.

RÉFUTATION

DU NOUVEL OUVRAGE

DE JEAN-JACQUES ROUSSEAU,

INTITULÉ:

EMILE, ou DE L'EDUCATION.

PREMIERE LETTRE

Parmi les Ouvrages dont le Public est inondé, il en paroît un qui, dans les circonstances présentes, mérite une attention particulière : c'est le *Traité de Jean-Jacques Rousseau de Genève sur l'Education*. Cet homme, déja si connu dans la République des Lettres par ses paradoxes aussi bizares

*A

que singuliers, veut nous donner des
Elèves selon son goût, ses maximes
& ses idées. Mais quels Elèves! Si la
Société chrétienne & civile étoit for-
mée sur les vûes d'un pareil Maître,
bien-tôt le genre-humain, devenu le
jouet d'une raison folle, aveugle &
téméraire, se verroit dans la plus
étrange confusion : bien tôt, sous le
spécieux prétexte d'une prétendue Religion naturelle, l'incrédulité & l'irreligion établiroient leur empire sur
les ruines de l'unique vraie Religion.

Mortel aveugle & insensé, livré aux
égaremens d'une fausse raison, dont
l'esprit se perd dans ses vains raisonnemens ; dont le cœur est abandonné aux
plus épaisses ténèbres ; qui se croyant
seul sage, est tombé dans la dernière des
folies, & qui veut encore faire la loi,
& donner des leçons à tout le genre-
humain ! Il ne faut que vous entendre,

pour

pour fentir la foibleffe & l'impuiffan-
ce de cette Raifon que vous nous van-
tez tant. Vous n'avez qu'à parler ,
pour nous faire comprendre le befoin
qu'avoit l'homme d'une Religion furnaturelle & divine. Vous vous piquez de Raifon & de bon-fens, &
vous ne fentez pas que cette raifon
même , fi vous l'écoutiez , vous rap-
pelleroit & vous conduiroit aux lumières de la Foi & de la Révélation.
N'eft-ce pas elle , en effet, qui a
porté tant de grands hommes de tous
les fiécles à réduire humblement leurs
efprits fous le joug doux & aimable
de la Foi ? Mais Rouffeau, plus éclairé, croit pouvoir faire un meilleur
ufage de fa raifon ; il craindroit de
l'avilir, s'il imitoit de fi beaux exemples. Nous allons voir les excès où fa
témérité l'entraîne.

Je n'entreprends pas de réfuter tous

les faux principes, toutes les erreurs mortelles que contient son *Traité de l'Education*. Il faudroit plusieurs Volumes, si l'on vouloit suivre cet Auteur dans tous ses écarts & toutes ses rêveries. On doit cependant convenir que cet Ouvrage est d'autant plus dangereux, que sous les agrémens d'un style riche & fleuri, qui attire & qui éblouit, l'Auteur insinue dans le cœur de son Elève le poison le plus funeste : que cet appas & ces amorces sont séduisans pour un siécle qui a un goût plus décidé pour la beauté & l'arrangement des mots, que pour la solidité des raisonnemens.

Je me bornerai, pour le présent, à détruire tous les faux principes que Rousseau avance contre l'autorité des Miracles, & à repousser les attaques qu'il leur livre. Comme il voudroit anéantir, s'il étoit possible, la Religion Chrétienne ; pour y réuffir plus sûrement , il l'attaque jufques dans fes fondemens. Mais hélas! tous les efforts de ce foible athlete, comme ceux de tant d'autres , viendront fe brifer contre cette pierre inébranlable. Voici comment notre Incrédule s'exprime dans un Difcours qui eft à la tête de fon troifiéme Volume , & qu'il a l'impudence de mettre dans la bouche d'un Miniftre de Jefus-Chrift.

· Après plufieurs raifonnemens auffi impies qu'abfurdes , fur les monumens de la Révélation : » Tous ces » monumens (*a*), continue-t-il, re- » connus pour inconteftables , il faut » paffer enfuite aux preuves de la » miffion de leurs Auteurs. Il faut … » chercher de quelle efpèce doit être » un prodige, & quelle authenticité il

(*a*) Tom. 3, p. 143 & 144.

A iij

» doit avoir, non-feulement pour être
» cru, mais pour qu'on foit puniffa-
» ble d'en douter; comparer les preu-
» ves des vrais & des faux prodiges,
» & trouver les regles fûres pour les
» difcerner; dire enfin pourquoi Dieu
» choifit, pour attefter fa parole, des
» moyens qui ont eux-mêmes fi grand
» befoin d'atteftation, comme s'il fe
» jouoit de la crédulité des hommes,
» & qu'il évitât à deffein les vrais
» moyens de les perfuader «.

Ne faut-il pas être parvenu au dernier dégré de l'incrédulité & de l'impiété, pour prononcer de fi horribles
blafphêmes? Accufer Dieu d'avoir
choifi des moyens peu propres pour
perfuader les hommes; d'avoir agi
comme s'il fe fût joué de leur crédulité, & qu'il eût évité à deffein les
vrais moyens de les perfuader. O téméraire Ecrivain, qui croit être feul

meilleur juge que le genre-humain
de tous les fiécles ! Quoi , ces moyens,
qui ont perfuadé toutes les Nations ,
les Peuples de toute Langue & de toute Tribu , de la vérité de notre Religion , n'étoient pas les vrais moyens
de perfuader ? Ces moyens , qui , en
détachant fi fubitement les hommes
du faux culte d'une prétendue Religion naturelle , ont fait difparoître
comme un éclair le régne de Satan,
n'étoient pas les vrais moyens de perfuader ? Ces moyens , qui ont convaincu de folie tous ces faux Sages
qui s'étoient égarés, comme Rouffeau,
dans la vanité de leurs penfées ; ces
moyens qui ont brifé les liens de toutes les paffions ; qui ont fait renoncer
les hommes à tout & à eux-mêmes ,
pour fe foumettre à l'Evangile ; qui
ont peuplé les Villes & les Déferts
des plus grands exemples de vertu :

de tels moyens n'étoient pas les vrais
moyens de perfuader ? Quoi enfin,
ces moyens, qui ont fubjugué fous
l'obéiffance de la Foi, la Raifon & la
volonté des plus rébelles & des plus
opiniâtres ; qui ont fi fortement perfuadé & fi intimement convaincu les
hommes de tout état & de toute condition, grands & petits, fçavans &
ignorans, que tous ont mieux aimé
facrifier leurs biens, leur repos, leur
liberté, s'expofer à toutes les difgra-
ces, fouffrir les fupplices les plus cruels
& les plus ignominieux, & la mort
même, que de renoncer à la Religion Chrétienne : quoi, encore un
coup, des moyens fi victorieux, fi
efficaces, fi puiffans, n'étoient pas
les vrais moyens de perfuader ? Que
Rouffeau, plus grand connoiffeur que
Dieu même des vrais moyens de perfuader, nous apprenne donc ceux

qu'il auroit dû employer. Qu'il eſt
triſte qu'il n'ait pas été appellé au conſeil de l'Eternel, pour lui tracer le plan
de ſa conduite!

Mais pourſuivons. Ecoutons encore
les blaſphêmes que le Rabſacès de nos
jours ne ceſſe de vomir contre Dieu.
» Suppoſons (*b*), continue cet impie,
» que la Majeſté divine daigne s'ab-
» baiſſer aſſez pour rendre un homme
» l'organe de ſes volontés ſacrées ; eſt-
» il raiſonnable, eſt-il juſte d'exiger
» que tout le génre-humain obéiſſe à
» la voix de ce Miniſtre, ſans le lui
» faire connoître pour tel ? Y a-t-il de
» l'équité à ne lui donner pour toutes
» Lettres de créance, que quelques
» ſignes particuliers faits devant peu
» de gens obſcurs, & dont tout le re-
» ſte des hommes ne ſaura jamais rien
» que par ouï-dire « ? S'il n'étoit ni

(*b*) Tom. 3 , p. 144.

jufte ni raifonnable que Dieu exigeât
que tout le genre - humain obéît à la
voix de ceux qu'il avoit choifis pour
être les organes de fes volontés fa-
crées ; y a-t-il de la bonne - foi dans
notre Auteur, de prétendre que Dieu
ne leur a donné pour toutes Lettres
de créance , que quelques fignes particuliers faits devant peu de gens ob-
fcurs , & dont tout le refte des hommes ne faura jamais rien que par des
ouï-dire ? Dieu n'a-t-il donc pas manifefté & déclaré la miffion de ceux
qu'il avoit choifis , par des titres inconteftables ? Et comment l'Univers
entier a-t-il cru à la parole de fes Mi-
niftres , s'ils n'étoient pas légitime-
ment autorifés ? Ne feroit-ce pas une
chofe encore plus merveilleufe que
tous les miracles enfemble , que tant
d'hommes d'un génie fi différent , d'un
caractère fi oppofé, fi éloignés les uns

des autres, eussent cru notre Religion sans être attestée par des miracles incontestables ? Ne faudroit - il
pas qu'elle fût bien croyable & bien
vraisemblable par elle-même , pour
qu'on s'y fût rendu si aisément ? Comment la foi du nom de Jesus-Christ
& de sa doctrine se seroit-elle répandue d'une manière si étonnante , si
l'autorité des Miracles ne lui avoit
préparé les voies ? Comment dans des
temps où la Raison avoit fait ses derniers efforts, & où les hommes étoient
accoutumés à mépriser & rejetter ce
qui surpassoit l'étendue de leur esprit : avec de pareilles dispositions,
comment l'Univers entier se fût-il déterminé à croire des choses si extraordinaires , si incroyables en apparence,
si élevées au - dessus de nos pensées ,
si la force des Miracles n'eût plié l'esprit sous le joug de la Foi, & fait

taire tous les raifonnemens humains? Nous n'avons befoin que de ce feul raifonnement, pour confondre l'opi- niâtreté & l'aveuglement de notre In- crédule : ou des œuvres étonnantes & incroyables dont l'Univers a été té- moin, l'ont obligé d'ajouter foi à une Religion qui autrement lui eût paru incroyable ; ou bien cette Religion étoit fi croyable en elle-même & fi raifonnable, qu'elle n'a pas eu befoin du fecours des Miracles pour être per- fuadée aux hommes.

L'Incrédule ne pourra jamais rien répliquer de folide à une réponfe fi triomphante. Elle fuffira toujours pour réduire au filence ces hommes vains & fuperbes, qui nous demandent en- core des prodiges pour croire. Celui qui refufe de fe foumettre, après que l'Univers entier a embraffé la Foi, eft lui-même un plus grand prodige que tous les prodiges ensemble.

Mais, pour forcer l'Incrédule dans tous ses retranchemens, nous conviendrons avec lui, que la Religion Chrétienne a des caractères qui exigent des miracles bien convaïnquans pour la persuader. Mais nous lui soutiendrons & nous lui prouverons aussi que cette Religion a tout ce qu'on peut désirer en ce genre.

Comment, en effet, des hommes grossiers, sans science, sans talens, sans crédit, sans éloquence; de simples pêcheurs, pourſuivis par toutes les Puiſſances, auroient-ils perſuadé aux hommes, aux Sages du ſiécle, & aux Philoſophes mêmes, la divinité de leur miſſion & d'une Religion où il y avoit tout à perdre pour le temps, & rien à gagner; qui mettoit les paſſions & la cupidité ſi à l'étroit, ſans adminiſtrer des preuves claires & pal-

pables, fans être appuyés de l'autorité de Miracles certains & décisifs ?
Que des hommes puiffans & accrédi-
tés, dont la doctrine flatteroit & fa-
voriferoit les paffions & tous les pen-
chans de la cupidité, parvinffent à fe
faire croire, nous n'aurions pas fujet
d'en être étonnés. Mais qu'un fi petit
nombre d'hommes, pauvres, fimples
& ignorans aient foumis l'Univers entier à une Religion telle que la nôtre ;
peut-on comprendre & expliquer un
phénoméne fi inouï, fi on n'avoue que
c'eft la Divinité elle-même qui, par ces
foibles témoins qu'elle avoit choifis,
s'eft perfuadée aux hommes d'autant
plus admirablement, qu'ils étoient
plus méprifables & moins propres en
eux-mêmes à l'exécution d'une fi grande entreprife ? Leurs difcours n'é-
toient pas proprement ce qui décidoit
ceux qui les entendoient ; mais les

merveilles fans nombre que Dieu opéroit par leurs mains , étoient une éloquence plus efficace pour perfuader ce
qu'ils annonçoient , que les difcours
les mieux arrangés. Tout-à-coup on
voit ces hommes , qu'on fçavoit ne
parler qu'une ou deux langues au
plus , on les entend parler toutes les
langues. On les voit commander , au
nom de Jefus-Chrift , aux boiteux de
marcher , reffufciter les morts ; on
éprouve que leur feule ombre guérit
fur le champ toute forte de maladies
dans les lieux par où ils paffent ; il fort
des linges qui ont touché leurs corps
une vertu qui diffipe tous les maux de
ceux à qui on les applique ; à leur
voix les Démons font chaffés de ceux
qu'ils poffédent ; & , ce qui eft encore
plus frappant , ceux qui embraffent
leur doctrine , & auxquels ils impo-
fent les mains , reçoivent la commu-

nication des mêmes dons , & le pouvoir d'opérer de semblables merveilles. Enfin, combien d'autres prodiges
n'opèrent-ils pas à la face de tout l'U-
nivers qui n'a cessé & qui ne cesse
encore , par une Tradition constante
& bien suivie , d'y rendre un témoignage public & authentique ? Est-ce-
là ne donner pour toute Lettre de
créance , à ceux que Dieu a choisis
pour les organes de ses volontés sa-
crées , que quelques signes particuliers faits devant peu de gens obscurs,
& dont tout le reste des hommes ne
saura jamais rien que par ouï-dire ?
Rousseau , comme Julien l'Apostat
dont il imite si parfaitement les sentimens & le langage , compte-t-il
donc pour peu de gens obscurs, l'U-
nivers entier ? L'Univers paroît petit
à ses yeux, & il croit pouvoir aisément
supputer ceux qui occupent toute la
terre.

terre. Et où trouverons-nous ce grand
nombre de témoins qu'il exige, si tous
ne sont que peu ? *Cæterùm (a) quod
dicit paucos fuisse. . . . . parvum facit
orbem, & facilè numerabiles esse pu-
tavit eos qui universum orbem. Et ubi-
nam multos inveniemus, si omnes sunt
pauci ?*

Y eut-il jamais, en genre de faits,
rien de si certain, de si connu & de
si bien vérifié, que les Miracles qui
établissent la vérité de notre Religion ?. Rousseau (*b*) voudroit avoir
vu lui-même tous ces prodiges & ces
Miracles pour les croire. Il aimeroit
mieux avoir entendu Dieu lui-même,
parce qu'il croit que par-là il eût été
à l'abri de la séduction. Si on lui répond que Dieu l'en garantit, en mani-
festant la mission de ses Envoyés par

(*a*) *Cyrill. adv. Julian. Libr. 6.*
(*b*) *Tom.* 3, *p.* 155.

des prodiges : » Et où font ces pro-
» diges (*a*), s'écrie-t-il ? Dans des
» Livres. Et qui a fait ces Livres ? Des
» hommes. Et qui a vu ces prodiges ?
» Des hommes qui les atteftent. Quoi,
» toujours des témoignages humains ?
» toujours des hommes qui me rap-
» portent ce que d'autres hommes ont
» rapporté ? Que d'hommes entre Dieu
» & moi ?

Que Rouffeau, fi fier avec fa raifon, nous donne une grande preuve
de fon inconftance & de fa légéreté !
Cet homme, qui veut paroître fi ferme dans fes principes, devenu le
jouet de cette raifon, ne fçait ce
qu'il veut. Il demande des prodiges
pour croire ; & fi la Divinité, pour
faire éclater davantage fa puiffance,
communique à des hommes le pouvoir d'opérer ces prodiges ; il méprife

(*a*) *Ibid. p.* 141.

& rejette ce témoignage , parce que des hommes y ont fervi d'inftrument. Raifon humaine , laiffée à vous-même , que vous êtes aveugle & déraifonnable ! Rouffeau craint d'être féduit par cette nuée de Témoins qui lui atteftent la vérité de notre Religion par les preuves fi évidemment divines qui la caractérifent, & il ne craint pas de fe féduire lui-même. Et quoi, Raifon dépravée , vous feignez de craindre d'être trompée par ces Médiateurs de la Divinité fi bien autorifés , & vous ne craindriez pas de vous y méprendre , fi Dieu fe manifeftoit à vous , comme il s'eft manifefté à fes Envoyés ? N'auriez-vous donc pas un plus grand fujet d'appréhender vos propres illufions , que fi l'Univers entier vous atteftoit ce que vous auriez pu voir vous-même ? Cette réunion , ce concert & cet accord

ne font-ils pas pour vous un moyen
auffi sûr, que fi Dieu vous avoit parlé en particulier ? Ne nous dites plus :
» Quoi, toujours des témoignages hu-
» mains ? N'eft-ce pas Dieu lui-même
qui vous a parlé par la médiation de ces
hommes qu'il a choifis ? Ne s'eft-il pas
rendu garant & caution, par les merveilles qu'il leur a fait opérer, qu'ils
ne vous ont rapporté que ce qu'il
vous auroit dit lui-même ? Les yeux
de l'Homme, encore foibles & lan-
guiffans, auroient-ils pû fupporter
l'éclat fi redoutable de la Majefté fuprême, fi elle lui eût parlé en perfonne ? C'eft donc pour s'accommoder & condefcendre à notre état,
que la Divinité elle-même s'eft revê-
tue de l'humanité, pour converfer
avec les hommes ; & qu'elle a choifi
des hommes, pour achever l'œuvre
qu'elle avoit commencée. Où feroit

le mérite de la Foi & de l'obéissan-
ce, si Dieu se manifestoit aux hommes aussi sensiblement ? Son exercice
& sa perfection consistent à marcher
ici - bas dans l'obscurité , mais avec
certitude ; à ne voir les objets que
comme enveloppés de nuages , & c'est
par cette voie qu'elle doit parvenir à
les voir clairement, sans voiles & sans
énigmes.

Qui est Rousseau , qui sont tous les
Incrédules ensemble , pour prescrire
à Dieu la manière dont il doit leur
parler ? Seront-ils donc assez hardis ,
pour prétendre que Dieu auroit dû
faire quelque chose de plus que ce
qu'il a fait ? Faudra-t-il qu'il se rende
visible à tous les hommes , & qu'il
vienne tous les jours se présenter à
leurs yeux, comme le Soleil ? Quand
même il le feroit, le fond impénétrable de leur incrédulité nous répond

qu'ils douteroient encore , & qu'ils
ne manqueroient pas de prétextes pour
s'y refuser. Car enfin , s'ils n'ont pas
des marques aussi sensibles , ils en ont
au moins d'aussi grandes & d'aussi certaines auxquelles ils résistent par le plus
grand abus de leur raison.

La raison , le sentiment & l'expérience nous apprennent que l'Homme
est coupable. Tout crie à l'homme
dans l'homme même , qu'il est déchu
de son premier état. Ce mélange af-
freux de grandeur & de bassesse qu'il
réunit en lui ; ce desir inépuisable
d'un bonheur après lequel il court ,
sans pouvoir y arriver ; ces ténèbres
continuelles qui obscurcissent son esprit & sa raison ; l'empire des sens
sur sa raison , qui , s'en rendant si souvent maîtres , l'entraînent à la recherche des plaisirs ; ce combat continuel
de l'homme avec l'homme ; ce poids

qu'il porte au-dedans de lui-même,
qui l'incline sans cesse où il ne voudroit pas : ce n'est encore-là qu'une
partie des misères aujourd'hui naturelles à l'homme. Son esprit n'étant
plus maître de lui-même, devient
comme la proie de ses idées & de ses
pensées. S'il veut s'appliquer à un objet, mille idées étrangères le trou-
blent & l'arrêtent : il n'a pas celles
qu'il voudroit avoir, & il est assailli
par une multitude d'autres qu'il voudroit éloigner. Que de travaux ne lui
faut-il pas, pour parvenir à la connoissance de la Vérité qu'il aime, &
qui devroit lui être aisée & naturelle,
s'il étoit innocent ? & souvent tous
ses soins, toutes ses recherches n'a-
boutissent qu'à se précipiter dans les
erreurs les plus funestes, qu'il prend
pour cette Vérité qu'il aime & cherchoit uniquement. Son corps a aussi

des misères qui lui font propres. Et qui peut faire un détail exact de toutes celles qui l'affligent depuis le berceau jusqu'au tombeau ? Par un surcroît de malheurs, les infirmités de ce corps se communiquent à l'ame, & lui en font sentir le contre - coup. En un mot, tout sert à la Justice divine, d'instrument de vengeance pour punir l'Homme. Toutes les créatures l'affligent ou le tentent & dominent sur lui, ou en le soumettant par leur force, ou en le charmant par leur douceur.

Voilà une foible peinture de l'état actuel de l'Homme. Il n'y a que la Religion Chrétienne qui nous apprenne le secret de cette énigme, & qui puisse concilier tant de contradictions dans l'Homme. C'est elle qui nous découvre que l'Homme, par son péché, est déchu de cet état de gran-

deur dans lequel il avoit été créé, &
réduit à la triste condition d'un escla-
ve vaincu par son ennemi. La Raison
de l'Incrédule vient se heurter contre
un mystère si élevé au-dessus de nos
idées ; & cependant, comme parle
le grand Pascal, sans ce mystère, le
plus incompréhensible de tous, nous
sommes incompréhensibles à nous-
mêmes : le nœud de notre condition
prend ses retours & ses plis dans cet
abîme ; de sorte que l'Homme est plus
inconcevable sans ce mystère, que ce
mystère n'est inconcevable à l'Homme.
Les Philosophes mêmes l'ont apper-
çu de loin ; &, s'ils n'ont pu le pénétrer & y atteindre, ils en ont au moins
senti la nécessité pour expliquer & comprendre l'Homme.

L'Homme ainsi devenu coupable,
qu'avoit - il, depuis son péché, qui
pût obliger Dieu de se manifester à

lui ? N'étoit-il pas trop heureux que Dieu daignât encore se découvrir à lui, de quelque manière qu'il le fît ? N'est-il pas encore traité trop favorablement, quelle que soit la voie dont Dieu se serve pour le faire entrer dans ce Sanctuaire devenu inaccessible à l'Homme depuis sa prévaricarion ? Ingrats & dénaturés, qui, au lieu d'être pénétrés d'une vive reconnoiffance pour celui qui leur tend une main charitable après leur chûte, ne ceffent au contraire de blafphêmer les témoignages fignalés de sa bonté sur nous! Qu'ils ne s'en prennent qu'à eux-mêmes, fi Dieu ne se manifefte pas par des preuves auffi fenfibles qu'ils le défirent. C'eft la jufte peine de ce qu'ils ont mérité ; & c'eft fans fondement & par la plus grande des injuftices, qu'ils veulent en tirer des conféquences contre la Religion Chré-

tiénne, qui reconnoît que depuis le
Péché, Dieu ne se montre point aux
hommes avec toute l'évidence qu'il
pourroit faire. Elle enseigne aux hommes ces deux vérités, & qu'il y a un
Dieu dont ils sont capables, & qu'il y
a une corruption dans la Nature qui les
en rend indignes.

Ces principes établis, il en résulte
nécessairement, que, Dieu étant déformais pour l'Homme un Dieu caché, l'Homme n'a plus qu'à se soumettre, adorer & remercier, de quelque manière que Dieu se manifeste à
lui, pourvû que les marques de sa
présence soient certaines. Or, les
preuves qu'a la Religion Chrétienne,
sont incontestables & certaines. Car,
rien de plus absurde que le mépris de
Rousseau pour l'autorité du témoignage humain. Où en serions-nous, &
que deviendroit le commerce de la

Société civile, s'il ne falloit croire
que ce qu'on a vû foi-même? Avec
un pareil fyftême, les Etats, les Ré-
publiques, les familles fe trouveroient
dans un bouleverfement univerfel.
Quel rapport pourrions - nous avoir
avec ceux qui nous ont précédé & qui
nous fuivront? Que nous ferviroit le
foin que les premiers ont pris de nous
faire paffer les événemens de leurs
fiécles? Et pourquoi nous - mêmes en
prendrions-nous tant pour faire paffer à la Poftérité ceux du nôtre? Que
feroit-on dans la vie humaine, fi on
ne comptoit fur l'autorité des faits?
Et fans cette autorité, dans quel af-
freux pyrrhonifme le genre-humain ne
feroit - il pas plongé? La meilleure
partie des actions des hommes font
fondées fur des témoignages humains;
& , à la lumière de cette autorité, on
agit avec autant de certitude que fi

on avoit vû les chofes qui nous ont été rapportées.

N'avons-nous donc pas des démonftrations, en genre de faits, auffi certaines & auffi infaillibles que celles de Géométrie & de Mathématique ? Ce feroit être également fou, de douter des unes ou des autres, puifque c'eft fur des preuves de la première efpèce, que font établies les chofes qui font reconnues dans le monde pour les plus certaines.

Il n'eft donc plus queftion que de fçavoir fi les faits & les témoignages humains, dont la Religion Chrétienne eft appuyée, ont tous les caractères & les qualités néceffaires pour former une preuve invincible. Or, y eut-il jamais rien de fi certain, de fi authentique & de fi bien vérifié, que les Miracles qui démontrent la divinité de notre Religion ? L'Univers entier a rendu un témoignage éclatant à la vérité de leur exiſtence, par ſa foi & ſa ſoumiſſion. Ils ſont atteſtés dans des monumens, contre leſquels tous les traits de l'incrédulité la plus envénimée viendront toujours ſe briſer. Ces monumens portent avec eux de ſi grands caractères de ſincérité, qu'ils étouffent juſqu'au moindre ſoupçon. Leur vérité eſt confirmée par tant de témoins ſi dignes de foi, ſi incapables de s'être trompés ou d'avoir voulu tromper, qu'un eſprit qui fait uſage de ſa raiſon, a tout ce qu'il peut déſirer. Jamais les anciens ennemis de la Religion Chrétienne, n'ont oſé accuſer de ſuppoſition les faits dont elle s'autoriſoit ; & perſonne n'eût été plus à portée qu'eux de la découvrir. Il eût été bien facile de dévoiler le complot & la conſpiration de ces hommes qui auroient voulu ſéduire toute

la terre. Il eût été impoſſible que,
parmi la multitude de ceux qui y
auroient concouru, pluſieurs s'étant
enſuite ſéparés, aucun, par vengeance
ou par amour de la vérité, n'eût découvert le projet de ſéduction. Enfin,
le témoignage de tant de Martyrs
qui ont ſcellé de leur ſang la vérité de
tous ces faits, nous permet-il encore
d'en douter ? Je crois volontiers, dit
le grand Paſcal, les hiſtoires dont les
témoins ſe font égorger. Pour conteſter donc la vérité & l'autenticité des
Miracles de notre Religion, il faut
néceſſairement conſentir à révoquer
en doute tous les faits qui ſe ſont jamais paſſés, puiſqu'aucun n'eſt ſi bien
établi.

Que dirai-je encore de cette multitude de merveilles qui n'ont ceſſé
de s'opérer dans toutes les parties de
l'Egliſe Chrétienne, après même ſon

établissement, & jusqu'à nos jours ? Combien de fois n'a-t-on pas vû les mêmes Miracles qui ont concouru à sa fondation, se renouveller dans ses différens besoins, & la secourir dans les périls où elle étoit exposée ? Ces merveilles si fréquentes, ne sont-elles pas un témoignage toujours subsistant de la vérité de celles qui ont donné naissance à la Religion Chrétienne ?

Mais, quand l'Incrédule refuseroit encore de se rendre à tant de Miracles si bien attestés, nous ne manquerions pas de moyens pour le convaincre & le confondre.

N'est-ce pas un Miracle toujours visible & toujours subsistant, que l'existence si soutenue & si persévérante de la Religion Chrétienne, au milieu de tant d'attaques qui lui ont été livrées dans tous les temps. Quoi de plus grand, de plus admirable & de plus divin,

qu'une

qu'une Religion toujours en guerre,
toujours combattue & toujours triomphante & victorieuse. A peine cette
Religion paroît-elle, qu'elle est persécutée de toutes parts : toutes les
Puissances sont armées contre elle :
on voit par-tout couler le sang des
Chrétiens : &, ô merveille capable d'é-
tonner l'incrédulité la plus consom-
mée! une conspiration, qui auroit infailliblement anéanti un établissement
humain, ne sert qu'à donner plus de
lustre & d'éclat à celui de la Religion
Chrétienne. On croit travailler à sa
destruction, & les efforts qu'on fait
contre elle, ne tendent qu'à l'affer-
mir. On n'épargne ni supplices, ni
tourmens : on s'épuise à inventer de
nouveaux moyens pour perdre & accabler cette Religion naissante : on se
dépouille, pour agir contre elle, de
tous les sentimens que l'humanité in-

ſpire envers les plus coupables. Mais tous ces rafinemens de l'injuſtice, & de la cruauté des hommes, ne ſervent qu'à l'étendre davantage : plus on fait mourir de Chrétiens, plus il en renaît ; leur ſang devient une ſemence féconde qui ne ceſſe d'en reproduire d'autres ; & par-là, le Chriſtianiſme ſe trouve amplement dédommagé de toutes ſes pertes : enfin, par un prodige qui ſurpaſſe toutes nos idées, les perſécuteurs mêmes de cette Religion, ſelon les promeſſes qui lui étoient faites, viennent en foule l'embraſſer, reconnoître ſa divinité, & ſe faire marquer de ſon ſceau.

Si, des perſécutions du dehors, nous paſſons aux attaques que cette Religion a eu à ſoutenir dans ſon propre ſein, quel devra être notre étonnement & notre admiration ! Combien d'orages & de tempêtes ſe ſont

formées contre elle, du milieu d'elle!
Combien d'ennemis intérieurs, auſſi
puiſſans que les premiers, mais plus
dangereux, parce qu'ils ſe couvroient
du maſque de la Religion même pour
l'attaquer, n'a-t-elle pas eu à combattre! Combien d'héréſies, de ſchiſ-
mes & de diviſions produites par l'enfer, qui devoient naturellement l'a-
néantir, ſi ſon origine fût venue des
hommes!

Mille fois elle a paru ſur le pen-
chant de ſa ruine; elle a été à la veille
d'une deſtruction univerſelle, & prête à être enſevelie ſous ſes débris;
mais tout autant de fois qu'elle s'eſt
trouvée dans ce triſte état, Dieu l'a
relevée par des coups extraordinaires
de ſa puiſſance. Plus ſa perte paroiſ-
ſoit prochaine, plus la protection de
celui qui veille à ſa garde, s'eſt fait
ſentir avec éclat. Il lui avoit été pré-

dit & annoncé qu'elle passeroit par toutes ces épreuves; & la promesse qui lui avoit été faite de la rendre insurmontable aux efforts de l'enfer, a toujours eu son fidèle accomplissement.

Reconnoît-on ici l'ouvrage de l'Homme, une œuvre de mensonge & deséduction ? Si la Religion Chrétienne étoit de ce caractère, auroit-elle pû résister à tant d'assauts qui lui ont été livrés ? L'expérience nous apprend le sort qu'elle auroit infailliblement eu, si elle n'eût pas été l'œuvre de Dieu. Toutes celles des hommes ne se sont soutenues, qu'autant qu'elles ont trouvé de l'accès & du crédit auprès des Puissances de la terre. Dès qu'elles en ont été abandonnées, & que ces Puissances se sont soulevées contre elles, ces œuvres de ténèbres sont bien-tôt rentrées dans le néant

& l'obscurité où elles avoient pris leur origine. C'est ce que nous avons déja vû tant de fois à l'égard de toutes les Sectes qui se sont formées pour combattre la Religion Chrétienne. Les Etats eux - mêmes périroient, si on ne faisoit souvent plier les Loix à la nécessité. Ils ne se conservent que par ces sortes d'affoiblissemens qui les conduisent insensiblement à leur ruine & à leur fin : aussi n'y en a t-il point qui aient duré 1500 ans. Mais jamais la Religion Chrétienne ne s'est servie de pareils moyens pour subsister. Elle s'est toujours maintenue sans fléchir & plier sous la volonté de ses ennemis & de ses persécuteurs, quoiqu'elle ait eu à essuyer des secousses plus violentes que les Etats. Auroit-elle pû se conserver dans cette intégrité, sans un miracle toujours visible de la protection de Dieu sur elle?

Par conféquent, non-feulement la Religion Chrétienne eft fondée en Miracles, mais elle eft elle - même le
plus grand des Miracles, un Miracle
continuel, toujours fubfiftant.

» Par tous les pays du monde,
» (*a*) continue Rouffeau, fi on tenoit
» pour vrais tous les prodiges que le
» peuple & les fimples difent avoir
» vûs, chaque fecte feroit la bonne;
» il y auroit plus de prodiges que
» d'événemens naturels; & le plus
» grand de tous les miracles feroit
» que, là ou il y a des fanatiques
» perfécutés, il n'y eût point de Mi-
» racles. »

Tout ce difcours de notre incrédule n'a vifiblement pour but, que
de faire rejetter les Miracles qui autorifent la Religion Chrétienne, comme n'ayant d'autre témoins que le

(*s*) *Tom. 3. p. 145.*

peuple & les simples. Tout ce que j'ai déja dit confond ces vaines déclamations & ces fauſſes prétentions de l'incrédulité. Tant d'hommes ſi diſtingués dans la Religion Chrétienne ; tant de génies ſi ſupérieurs , dont les lumières & la ſagacité ſont bien connus , & qui ont rendu témoignage à la vérité de nos Miracles , n'étoient - ils donc que des ſimples & des gens de commun ? ſur quel fondement Rouſſeau rejette - t - il le témoignage du peuple en faveur de nos Miracles ? Les Miracles ne ſont - ils pas à la portée des plus ſimples ? Faut - il être Philoſophe ou Géometre pour être en état d'en juger ? Il s'agit de malades guéris , de membres rétablis , de morts reſſuſcités : or le peuple n'eſt - il pas auſſi en état de juger de ces miracles , que le Phyſicien le plus habile ? Il ne faut que des yeux pour voir un malade, un estropié, un mort; & ces mêmes yeux suffisent ensuite pour voir si le malade est en bonne santé, si les membres de l'estropié sont rétablis, & si le mort mange, boit & marche. Tout homme qui a des yeux peut aisément connoître si à la simple parole, au simple attouchement d'un autre homme, les malades reçoivent la santé, les estropiés l'usage de leurs membres, & les morts la vie.

Les Miracles sont comme l'Alphabet de toute la Religion; leur fin & leur destination est de mettre les plus grandes vérités à la portée de tous les hommes, d'ouvrir une entrée facile à tous dans la Religion qu'ils autorisent; & par conséquent les simples comme les savans peuvent en porter un jugement sûr. Le témoignage du peuple à l'égard des Miracles de la Religion Chrétienne, est d'autant plus décisif, que tout le monde sait avec quelle force il tient à la Religion de ses pères, qu'il a sucée avec le lait. Combien donc faut-il que les Miracles qui l'ont porté à renoncer à sa première Religion, pour embrasser le Christianisme, ayent été clairs, certains & convainquans!

Rousseau, si hardi à avancer tout ce qui peut établir son incrédulité nous oppose des Miracles opérés parmi toutes les sectes; mais nous sommons & nous défions ce téméraire, comme les anciens Apologistes de notre Religion, de nous produire parmi les sectes séparées de l'Eglise Catholique, les Miracles dont elle est autorisée. Il verra dans la suite de cet Ouvrage, que toutes les fois

que ces sectes ou leurs auteurs ont
voulu tenter la voie des Miracles ;
envain se sont - ils adressés à Dieu
pour en obtenir ; il a toujours été
sourd à leur demande ; & leurs efforts sans succès n'ont servi qu'à les
couvrir d'une plus grande confusion.

Rousseau est inépuisable en raisonnemens aussi absurdes qu'impies ;
il va nous en fournir de nouvelles
preuves. » C'est l'ordre inaltérable de
» la Nature (a), ajoute - t - il, qui
» montre le mieux l'Etre suprême :
» s'il arrivoit beaucoup d'exceptions, je
» ne saurois plus qu'en penser ; & pour
» moi, je crois trop en Dieu pour
» croire à tant de Miracles si peu
» dignes de lui ». Sans doute que
l'ordre de la Nature montre parfai-
ment la grandeur de l'Etre suprême ; mais cet ordre si suivi, si con-

(a) P. 145.

ftant crie à des fourds & parle à des cœurs endurcis. C'eſt un Miracle toujours fubſiſtant & qui en renferme une multitude ; mais il rappelle envain les Mortels à leur Auteur. On s'accoutume à tout , & les grandes merveilles du monde font tombées dans une eſpéce d'aviliſſement , & ne frappent plus nos efprits , parcequ'elles font toujours prefentes. Un efprit attentif qui confidère religieufement ce compofé de Miracles plus étonnans les uns que les autres , en eſt comme épouvanté , & toute fon attention ne fuffit-pas pour les pefer & enviſager tous : *Obſtupeſcit, obruiturque Miraculis* (a). C'eſt le même Dieu qui opère chaque jour toutes ces merveilles dont la Nature eſt pleine, & qui opère celles qui font moins communes. Mais comme l'habitude

(a) S. Aug.

fait méconnoître la grandeur des premiers, *affiduitate viluerunt :* Dieu
(pour s'accommoder à notre foibleffe, & parceque les hommes, diftraits
par tant d'objets, ne font plus d'attention aux prodiges ordinaires, ne
s'en fervent pas comme ils devroient
pour s'élever jufqu'à lui & lui rendre le culte qui lui eft du), s'eft
réfervé dans fa miféricorde certaines
œuvres extraordinaires, qu'il a foin
de faire éclater de tems en tems,
pour réveiller les hommes de leur
affoupiffement. Si ces Miracles moins
ufités nous frappent davantage, ce
n'eft pas qu'ils foient plus grands
que ceux dont nous fommes témoins
chaque jour ; mais c'eft qu'étant
moins fréquens, ils nous rendent
plus fenfible la préfence de leur Auteur.

Rouffeau a donc tort de nous dire

que c'est l'ordre inaltérable de la
Nature qui montre le mieux l'Etre
suprême. L'un & l'autre le montrent
également : car de même qu'il n'y
a que cet Etre qui puisse conserver
cet ordre établi, il n'y a aussi que
lui qui puisse le déranger à son gré :
& quant à nos dispositions, le dé-
rangement de cet ordre nous fait
encore mieux sentir l'existence d'un
Etre suprême.

L'ordre de la Nature auroit bien
pu suffire pour faire connoître à
l'Homme l'Auteur de son Etre ; mais
cet ordre si suivi n'étoit pas propre
pour lui en faire connoître les volontés particulières. Cet ordre ne suf-
fisoit pas pour l'établissement d'une
Religion, telle qu'elle convenoit à
l'Homme pécheur ; il falloit donc que
Dieu, dans sa sagesse, se réservât des
moyens capables de faire connoître

aux hommes, que c'étoit lui qui leur proposoit telle ou telle doctrine par ceux qu'il auroit choisis pour ses députés & ses envoiés. Or y avoit-il des moyens plus proportionnés à l'état actuel de l'Homme que la voie des Miracles ? Dieu a gravé dans le fond de notre être des sentimens qui ont un rapport si intime à ces moyens de persuader, qu'ils plieroient comme naturellement notre raison sous leur autorité, si nos passions & nos préjugés n'en arrêtoient l'effet.

Rousseau nous dira, tant qu'il lui plaira, que s'il y avoit beaucoup d'exceptions de l'ordre de la Nature, il ne sauroit qu'en penser. Pour nous Chrétiens, nous sçaurons toujours ce que nous devons en penser, parce que la Raison & la Religion nous apprennent que toutes ces exceptions, quelles qu'elles puissent être, quelque nombreufes qu'elles foient, font fondées fur la fageffe infinie de notre Dieu, fur fa bonté & fa miféricorde pour la créature. Nous favons que leur fin & leur deftination eft de nous inftruire, & de régler nos fentimens & notre croyance.

Foible mortel, qui ofe mefurer les vues fi courtes de fa raifon avec cette lumière inacceffible de la Raifon fouveraine & éternelle! Infenfé, qui veut oppofer les vains préjugés de fa raifon à la divinité de nos Miracles, & qui croit que Dieu ne pourra faire que ce qu'il peut penfer & comprendre! Dites moi, ô homme, qui vous piquez de tant de Raifon & de bon fens, comprenez-vous ce que Dieu fait dans l'ordre de la Nature, & pouvez-vous me rendre raifon de tout ce qu'il y opère? Eh quoi! vous voudrez que je vous rende raifon des

Miracles que Dieu fait ? *Non opus est multa percurrere ; de quotidianis rebus nemo reddit rationem : & exigis à me de Miraculis rationem.* Cessez donc, ingrat, de faire injure à la divinité de nos Miracles : *Noli calumniari divinitati Miraculorum* (a). Incrédule, qui se plaint que Dieu fait trop de Miracles ! en a-t-il encore assez fait pour lui, puisqu'il persévère avec tant d'opiniâtreté dans son aveuglement ? Il croit trop en Dieu, nous dit-il, pour croire à tant de Miracles si peu dignes de lui, mais qu'il dise plutôt qu'il n'y croit point, & qu'il n'y veut pas croire, & que c'est ce qui l'oblige de ne pas croire à ses Miracles qui le forceroient de renoncer à son incrédulité. Rousseau croit tout au plus au Dieu que son imagination bizare s'est

(a) S. Aug.

forgé :

forgé : mais le vrai Dieu , le Dieu
des Chrétiens , n'est pas le Dieu
de Rousseau.

Quels font donc ces Miracles que
Rousseau juge si peu dignes de Dieu ?
Nous allons le comprendre, par ceux
qu'il juge au contraire si dignes de lui.
» Qu'un homme , s'écrie-t-il , vien-
» ne nous tenir ce langage : Mor-
» tels (a) , je vous annonce la vo-
» lonté du Très-Haut ; reconnoissez
» à ma voix celui qui m'envoie. J'or-
» donne au Soleil de changer sa cour-
» se , aux Etoiles de former un autre
» arrangement , aux Montagnes de
» s'applanir , aux Flots de s'élever ,
» à la Terre de prendre un autre af-
» pect : à ces merveilles qui ne re-
» connoîtra pas à l'instant le maître
» de la Nature ? Elle n'obéit point aux
» imposteurs «. Voilà les merveilles

(a) P. 145. 146.

D

que Rousseau juge seules dignes de Dieu. Mais pour ces guérisons subites de toutes sortes de maladies, opérées par le seul attouchement & le seul acte de la parole, ces délivrances de possédés, ces résurrections de morts, Rousseau en fait peu de cas; il les juge peu dignes de Dieu, & il lui en faut d'autres pour le convaincre: semblable à ces Pharisiens & ces Saducéens aveugles & incrédules, qui après avoir été témoins de tant de guérisons que Jésus - Christ avoit opérées, lui demandent encore des signes dans le ciel pour les convaincre (*a*): aveugles qui ne connoissent pas le fond de leur incrédulité; & qui cherchent bien plus à tenter Dieu & à trouver des prétextes pour cimenter leur opiniâtreté. En vain Dieu leur accorderoit-il ce qu'ils demandent,

(*a*) *Marc.* 8. 11.

ils n'en deviendroient pas plus fidèles ; &, après avoir recufé tant de Miracles déja opérés, croiroient-ils davantage ceux qu'ils preſcrivent à Dieu ? Ne pourroient-ils pas également ſe jouer de ceux-là comme des autres ; en les attribuant à différentes cauſes cachées de la Nature, & aux différens accidens auxquels l'air eſt ſujet ? *Quaſi non póſſint & illa calumniari, & dicere ex occultis & variis aëris paſſionibus accidiſſe* (a). Car vous qui blaſphêmez tant de merveilles que vous voyez de vos yeux, que vous touchez de vos mains, dont vous fentez toute l'utilité ; quel uſage feriez vous des ſignes que le Ciel vous donneroit ? *Nam qui calumniaris ea quæ oculis vides, manu tenes, utilitate ſentis, quid faɛturus es de his quæ de cœlo venerint ?*

(a) S. Hieron. in cap. 13. Matth.

D ij

Rousseau, comme Julien l'Apostat, ne témoigne que du mépris pour
les Miracles que Dieu a déja opérés.
» Quelle merveille, disoit l'impie Ju-
» lien, a fait Jesus pendant sa vie, qui
» mérite d'être rapportée, à moins
» qu'on ne veuille mettre au nombre
» des plus grandes œuvres la guérison
» des boiteux & des aveugles, & l'ex-
» pulsion des démons dans les Bourgs de
» Bethsaïde & de Béthanie : *Jesus quo
vixit tempore, nullum opus fecit mi-
rabile, nisi quis claudos & cœcos cu-
rare, & dæmones adjurare in Bethsaïda
& Bethania, opus esse maximum pu-
tet* (a).

Julien, répond S. Cyrille, en osant
rejetter les Miracles si divins de Jésus-Christ, fait bien voir qu'il ne
sait pas admirer ce qui est digne de
l'être. Comment Jésus-Christ pour-

____
(a) *S. Cyrill. libr. 6. in Julian.*

roit-il mieux prouver ſa Divinité, &
établir ſa Religion? Eſt-ce en pro-
duiſant un bouleverſement dans les
Cieux, en faiſant ſortir des eaux une
autre terre? Eſt-ce en un mot en faiſant éclater de nouvelles merveilles
dans le Soleil, la Lune & les Etoiles?
Non. Aveugle, vous vous trompez;
ce n'étoit pas là le but de l'Incarna-
tion du Sauveur. Il n'eſt pas venu
pour étonner les hommes & ſatisfaire
leur vaine curioſité; mais il eſt venu
pour les délivrer des miſères corporelles & ſpirituelles qui les acca-
bloient, & les tirer du double eſcla-
vage, ſous lequel ils gémiſſoient. Il
a voulu nous ramener à la connoiſſance de la Vérité dont nous nous
étions écartés; &, pour y réüſſir, il
a voulu que ſes Miracles, également
marqués au coin de ſa bonté comme
de ſa puiſſance, nous inſpiraſſent une

jufte confiance de recourir à lui. Son plan a été de tracer dans fes Miracles une image vive & fenfible des effets qu'ils doivent produire dans les ames : & , comme les maladies corporelles font le tableau le plus naturel des maladies fpirituelles, il a peint dans la guérifon miraculeufe des premières , celles des fecondes qui devoient les fuivre ou les accompagner. Y a-t-il rien de plus beau, de plus grand & de plus digne de Dieu, que ces effets multipliés & réunis de la bonté & de la Toute-puiffance divine ? La fageffe éternelle , le Verbe du Père , le Créateur de l'homme pouvoit-il rien faire de mieux, que de réparer ainfi fon Ouvrage en fon entier ; de guérir les corps, pour nous conduire à la guérifon de l'ame, & d'être le Sauveur de notre nature dans tous les maux qui l'affligent ?

Quoi de plus convenable à la grandeur de Dieu, s'écrie Lactance en s'adreſſant aux ennemis de la Religion Chrétienne : quoi de plus digne de l'admiration de tous les ſiécles, que d'avoir renouvellé une vie expirante, rendu des années déja écoulées, porté la lumière dans les horreurs de la mort ? *Quid congruentius Deo, quid miraculo dignius omnium ſeculorum, quàm decurſam vitam reſignaſſe, completisque hominum temporibus tempora adjeciſſe, arcana mortis revelaſſe ?* Mais cette puiſſance ſi ineffable n'étoit que l'image d'une autre encore plus grande : elle faiſoit ſentir quelle devoit être l'efficace de la doctrine de Jeſus - Chriſt dans tout le monde, pour le faire paſſer des ténébres àla lumière , de la mort à l'immortalité.

Ne faut - il pas être auſſi inctédule

qu'un Rousseau, pour être insensible à des merveilles qui marquent tant de grandeur & de bonté? Rousseau nous assure qu'il reconnoîtroit à l'instant le maître de la Nature aux merveilles qu'il exige ; *parce que*, dit-il, *elle n'obéit point aux imposteurs*. Osera-t-il donc dire, & pourra-t-il nous prouver qu'à la voix de l'imposteur les Morts obéissent, les Aveugles voient, les Sourds entendent, les Boiteux marchent, les Paralytiques recouvrent l'usage de leurs membres, tous les autres malades sont guéris? Comment établiroit-t-il un blasphême si détestable ? Il ne trouvera certainement aucun exemple qui puisse le favoriser. Qu'attend-il donc pour rendre l'hommage qui est dû à une Religion, dont tant de merveilles si visiblement divines annoncent l'excellence & la grandeur? En vain cette

génération d'incrédules demande-t-elle
d'autres fignes & d'autres prodiges ;
elle en a plus qu'il ne lui en faut pour
la rendre inexcufable. Les fignes qu'elle
demande lui feront un jour accordés
pour la confondre. Le Ciel, la Terre & toute la Nature confeffera fon
Maître ; & l'impie, après avoir refufé
avec tant d'ingratitude de reconnoître
fon Dieu & fon Sauveur dans les fignes de fa bonté & de fa miféricorde,
fe verra forcé de le reconnoître dans
les fignes terribles & épouvantables
de fa colère & de fa juftice.

 » Refte enfin, nous dit Rouffeau,
» l'examen le plus important dans la
» Doctrine annoncée; car, puifque ceux
» qui difent que Dieu fait ici-bas des
» Miracles, prétendant que le Diable
» les imite quelquefois ; avec les pro-
» diges les mieux atteftés, nous ne
» fommes pas plus avancés qu'aupa-

» favant ; &, puifque les Magiciens de
» Pharaon ofoient , en préfence mê-
» me de Moyfe , faire les mêmes fi-
» gnes qu'il faifoit par l'ordre exprès
» de Dieu , pourquoi , dans fon ab-
» fence, n'euffent-ils pas , aux mêmes
» titres , prétendu la même autori-
» té ? Ainfi donc , après avoir prouvé
» la Doctrine par le Miracle , il faut
» prouver le Miracle par la Doctrine ,
» de peur de prendre l'œuvre du Dé-
» mon pour l'œuvre de Dieu. Que
» penfez-vous de ce dialéle ? «

Voilà le langage de l'incrédulité la
plus confommée. Après avoir fait tous
fes efforts pour combattre & contefter
l'exiftence de nos Miracles , elle veut
encore fe réferver des moyens pour en
ruiner les juftes conféquences qu'on en
tireroit contre elle , fi leur évidence
l'obligeoit enfin de les admettre. Ici
l'Incrédule fe trahit lui - même , &

nous montre fa réfolution ferme &
décidée de ne rien croire. Il n'y a
qu'un moment qu'il nous promettoit
de reconnoître fon Auteur dans un
certain ordre de Miracles qu'il lui
prefcrivoit, & auffi-tôt il prétend être
en droit, quels que puiffent être les
Miracles qu'on lui oppofera, d'examiner ce qu'ils autorifent. Il veut que
fa Raifon entre en difcuffion avec
Dieu même, & qu'elle juge s'il ne
s'eft point trompé, ou s'il ne l'a pas
trompé.

Quoi donc : fi les vrais Miracles
font la voix de Dieu, la marque de
fon approbation, comme la feule
Raifon & le fentiment naturel de tous
les hommes nous l'apprennent, lorfqu'une doctrine eft prouvée & confirmée par de tels Miracles, que refte-
t-il à examiner ? Dieu a parlé ; & ,
puifque par fa nature, il eft la Vérité

même, qui ne peut être trompée ni nous tromper, que peut faire de mieux l'homme, que d'obéir & se soumettre, lorsque Dieu a parlé par ses Miracles?

Rousseau, pour donner quelque couleur de vérité à son erreur, prétend que le Diable imite quelquefois les vrais Miracles : d'où il conclut qu'avec les prodiges les mieux attestés, nous ne sommes pas plus avancés qu'auparavant ; & qu'ainsi il faut toujours prouver le Miracle par la Doctrine, de peur de prendre l'œuvre du Démon pour l'œuvre de Dieu. Mais où cet incrédule a-t-il trouvé que le Diable eût jamais le pouvoir de faire de vrais Miracles ? Il nous cite l'exemple des Magiciens de Pharaon : mais, puisqu'il prétend se servir de l'autorité de l'Ecriture, lorsqu'il croit qu'elle peut lui être favorable ;

nous emploierons aussi les mêmes armes, pour détruire toutes ses fausses suppositions.

Dieu, dans ses Ecritures (a), n'attribue-t-il pas à lui seul le droit & la prérogative de faire de vrais Miracles? Ne donne-t-il pas à son Peuple les Miracles qu'il opere (b), comme une preuve décisive & certaine qu'il est le seul vrai Dieu, & qu'il n'y en a point d'autre que lui? Ne défie-t-il pas les Dieux des Nations (c), qui sont les Démons, de faire des Merveilles semblables aux siennes? & ne leur promet-il pas même de les reconnoître pour des Dieux, s'ils peuvent y atteindre?

Dieu, dans ses Ecritures & par la bouche de ses Prophêtes (d), ne nous

(a) Pf. 71.
(b) Deutéron. 4.
(c) Ifaïe, 41.
(d) Pf. 101. Sap. 13 & 14.

déclare-t-il pas bien expreſſément, qu'il n'y a que lui qui guériſſe nos infirmités, qui ait la puiſſance de la vie & de la mort, qui mène juſqu'à ſes portes & qui en ramene ? Il proteſte aux adorateurs des faux Dieux, qu'ils prient pour leur ſanté, ceux qui ne ſont que foibleſſe, & qu'ils demandent la vie à des morts. Il les aſſure que ces Dieux ne peuvent délivrer de la mort (*a*), rendre la vue à des aveugles, & ſecourir les hommes dans les maux qui les affligent. Tous ces témoignages, & ceux que nous pourrions encore ajouter, prouvent bien clairement que les vrais Miracles ſont des titres incommunicables de la Divinité, que les Démons avec tous leurs artifices ne pourront jamais imiter. Il eſt vrai que les Magiciens de Pharaon parurent changer, com-

(*a*) *Baruch. 6.*

me Moyſe , leurs verges en ſerpens , & leurs ſerpens en vergés. Mais , en ne dépouillant pas cet événement de toutes ſes circonſtances , il eſt viſible que les efforts que Dieu permit au Démon de faire , n'avoient d'autre fin , que de montrer ſa foibleſſe & ſon impuiſſance. Les Magiciens de Pharaon furent bien-tôt forcés eux-mêmes de reconnoître la divinité des prodiges de Moyſe , & ſa ſupériorité ſur eux. Le doigt de Dieu eſt ici , s'écrièrent-ils : *Digitus Dei eſt hîc* (a). La vérité des prodiges de Moyſe démontra bientôt la fauſſeté de ceux des Magiciens. Pharaon & les Egyptiens regardèrent comme quelque choſe de réel , les changemens que leurs Magiciens paroiſſoient faire ; mais la vérité de ceux de Moyſe , en dévorant , pour ainſi dire , le menſonge & l'impoſture de

______

(a) Exod. 4.

ceux des Magiciens, fourniſſoit à tout
le monde une lumière ſûre pour éviter les piéges de la ſéduction : *Corpo-*
ra videbantur Pharaoni (a) & Ægyp-
tiis magicarum virgarum dracones,
ſed Moſei veritas mendacium devora-
vit. Auſſi Dieu, en envoyant Moyſe en Egypte, pour y délivrer ſon
Peuple, lui donna-t-il le pouvoir d'o-
pérer ces prodiges, afin qu'on crût
que le Seigneur lui avoit véritablement apparu, & qu'il n'agiſſoit que
par ſon ordre : *Ut credant (b)*, inquit,
quod apparuerit tibi Dominus Deus.
Ces Miracles étoient donc des preuves certaines & divines de la miſſion
de Moyſe, & tous les faux preſtiges
des Magiciens n'étoient point une raiſon qui dût empêcher d'y ajouter foi,
& de rendre à leur Auteur l'hom-

(a) *Tert. Lib. de Anim. t. 33.*
(b) *Exod. 4.*

mage

mage qu'ils exigeoient. C'est pourquoi, dès que Moyse eut fait ces signes devant le Peuple d'Israël, il reconnut aussi-tôt à ces marques la parole du Seigneur : *Et fecit signa coram populo, & credidit populus ;* & tous se prosternèrent pour l'adorer dans les œuvres de sa Toute-puissance, *& proni adoraverunt.*

Tous les Apologistes de la Religion Chrétienne ont toujours défié les Payens de produire en leur faveur aucun des miracles dont le Christianisme étoit appuyé. Ils ont défié tous leurs Dieux de faire ce que le dernier des Chrétiens opéroit chaque jour : *Experiri libet & recognoscere* (a) *an cum suis efficere Diis possint, quod ab rusticis Christianis jussionibus factitatum est nudis.* Ils ont soutenu affirmativement que tous ces Dieux préten-

______
(a) *Arnob.*

dus ne pouvoient pas même communiquer à leurs adorateurs le pouvoir
de guérir la plus légère bleſſure par le
ſeul attouchement ou la ſeule force
de la parole , comme faiſoient les
Chrétiens qui , par ces ſeuls moyens ,
opéroient les guériſons les plus écla-
tantes.

Rouſſeau (dans une Note qu'il fait
ſur ces paroles : *Ainſi donc , après
avoir prouvé la Doctrine par les Miracle , il faut prouver les Miracles par la
Doctrine*) nous dit que cela eſt for-
mel en mille endroits de l'Ecriture.
Rien de ſi aiſé que des allégations
auſſi vagues : d'un ſeul trait de plume
on peut , pour tromper ſes dupes ,
s'autoriſer de ce qui nous eſt le plus
oppoſé. Nous tiendrions quitte volontiers Rouſſeau , de ce millier de paſ-
ſages qu'il nous vante , pour un ſeul
qui diroit bien formellement ce qu'il

foutient. Mais tous ceux que j'ai déja rapportés, nous répondent qu'il cherchera inutilement ce qu'on lui demande. Il est vrai qu'il cite un endroit du Deutéronome, où il est dit, „Que „si un Prophete, ou quelqu'un qui „prétende avoir eu un songe, & qui, „en conséquence, annonce quelque „signe ou quelque prodige; si ce qu'il „a prédit arrive, & qu'ensuite il dise: „Allons, suivons les Dieux étran„gers: bien loin de l'écouter & de le „croire, on doit le mettre à mort «.

Mais il n'est pas ici question de vrais Miracles, ni de Prodiges qui puissent être comparés à ceux qui établissent la divinité de notre Religion. Car, s'il s'agissoit de vrais Miracles, comment Dieu pourroit - il ensuite consentir lui-même de reconnoître les Démons pour des Dieux, s'ils peuvent annoncer l'avenir & les choses cachées, faire du bien ou du mal ? *Que vos Dieux viennent*, s'écrie-t-il par son Prophete, *qu'ils nous prédisent ce qui doit arriver à l'avenir, ou qu'ils nous rendent au moins raison des choses qui ont précédé : oui, découvrez-nous ce qui doit se faire à l'avenir, & nous reconnoîtrons que vous êtes des Dieux* (a) : *Et sciemus quia Diï estis vos. Faites du bien ou du mal, si vous pouvez, afin que nous admirions tous ensemble votre puissance, & que nous en voyions les effets.* Puisque Dieu lui-même promet d'avouer pour Dieux les Démons, s'ils peuvent produire de vrais Miracles, pourroit-il défendre ensuite à son Peuple de les reconnoître pour tels & de les adorer, en cas qu'ils en fissent ? Dieu ne peut pas plus que nous, mettre au nombre des Dieux, ceux qui ne le font pas. Il faut

(a) Isaï. 41, v. 22.

donc que les preuves qu'il exige d'eux, paſſent leur pouvoir. Il n'eſt donc queſtion , dans le texte du Deutéronome , que de vains preſtiges qui pouroient , par une fauſſe apparence , éblouir & ſurprendre des eſprits peu attentifs. C'eſt cette eſpèce de prodiges que Dieu ſe glorifie de diſſiper & de confondre par la vérité & la ſolidité des ſiens. *C'eſt moi* , dit Dieu par ſon Prophete , *qui montre la vaine oſtentation des ſignes trompeurs des Devins , & qui convainc de folie toute leur ſcience prétendue. Irrita faciens ſigna Divinorum , & ſcientiam eorum ſtultam faciens (a).*

Enfin , le texte même du Deutéronome s'explique aſſez clairement. Il nous déclare en termes exprès , que ce prétendu Prophete ne ſeroit qu'un impoſteur , qu'un fourbe , en un mot ,

(a) *Iſai.* 44 , v. 25.

un inventeur de songes : *Fictor som-*
niorum (a).

S. Augustin & nos meilleurs Inter-
prétes, se réunissent pour appliquer
les paroles du Deutéronome aux faux
prodiges des Devins, des Magiciens
& d'autres gens de cette espèce, qui,
avec toutes les ressources de leur art,
ne peuvent jamais rien produire qui
approche des effets extraordinaires de
la puissance divine : par conséquent,
Rousseau doit admettre avec nous une
grande différence entre les prestiges
des Démons, les vains phantômes de
l'Idolatrie, & les Miracles de la Ré-
ligion révélée. *Sicut autem discernun-*
tur divinationes (b), quas consequenter
prohibet, à prædictionibus vel annuntia-
tionibus Prophetarum; sic illæ inspectio-
nes prodigiorum à significationibus di-

(a) Deuter. 13 , v. 5.
(b) S. Aug. libr. 5 , quæst. in Deut. quæst. 29.

vinorum miraculorum difcernendæ funt.

Quand Rouſſeau voudra s'autoriſer des divines Ecritures, qu'il apprenne à les lire autrement qu'il n'a fait juſqu'ici ; qu'il ne les liſe pas comme des hiſtoires purement prophanes ; qu'il y cherche ſincèrement la Vérité que ſa Raiſon ſuperbe & aveugle, ne lui fera jamais trouver ; & qu'avec ces diſpoſitions il examine tant qu'il voudra notre Religion à la lumière de ces Livres ſacrés. Alors il verra toutes ſes vaines objections s'évanouir & diſparoître ; &, forcé de reconnoître les ténèbres de ſon eſprit & les égaremens de ſon orgueilleuſe ſageſſe, il imitera l'humble ſoumiſſion de tant de grands hommes pour les objets révélés, & rendra à la Religion Chrétienne un hommage ſi mérité.

Ecoutons les belles conſéquences que l'Incrédule tire de ſes prin-

cipes. » Quand donc , ajoute-t-il ;
» les Payens mettoient à mort les Apô-
» tres , leur annonçant un Dieu étran-
» ger , & prouvant leur miſſion par
» des prédictions & des Miracles , je
» ne vois pas ce qu'on avoit à leur
» objecter de ſolide , qu'ils ne puſſent
» à l'inſtant rétorquer contre nous «.
Voilà les horribles conſéquences qui
réſultent des principes auſſi faux qu'impies , que Rouſſeau vient d'avancer
ſur les Miracles. Si le genre-humain
en eut été imbu , il eût ſuivi la funeſ-
te conduite que Rouſſeau nous trace
ici : mais celle qu'il a tenue , prouve
invinciblement qu'il avoit une idée
bien différente de la force & de l'autorité des vrais Miracles. Que Rouſſeau rougiſſe , au moins , & ſoit couvert de confuſion , d'avoir poſé des
principes qui , de ſon propre aveu ,
vont directement à éterniſer l'Idola-

trie & le culte des Démons. La Foi
& la religieufe foumiffion de l'Univers aux Miracles des Apôtres , eft
un témoignage triomphant pour eux,
qui prouvera toujours invinciblement
qu'ils font par eux-mêmes une autorité pleinement décifive , & qu'il n'y
avoit rien de folide à leur oppofer.
Qu'eût-on pu dire en effet? Que les Miracles n'étoient point une preuve certaine de ce que les Apôtres affuroient,
parce que , comme Rouffeau le foutient, le Diable en peut faire de pareils.
Mais le fentiment intime & l'expérience de tant de fiécles , ne réclamoient-
t-ils pas contre une pareille défaite? Les
Payens les plus éclairés n'avoient-ils
pas avoué d'avance , que leurs Dieux
ne pouvoient faire aucunes des merveilles que l'on voyoit alors s'opérer
par le miniftère des Apôtres ? Et de
combien de témoignages des Auteurs

les plus célèbres ne pourrois - je pas accabler notre Incrédule ? Enfin, si le Démon pouvoit imiter les Miracles des Apôtres, pourquoi ne faisoit - il pas alors usage de ce pouvoir ? Jamais il ne s'est trouvé dans des circonstances plus pressantes, ni plus propres pour le mettre en œuvre. L'extinction de son culte, la ruine de son empire & les progrès si rapides de l'Evangile étoient des motifs bien capables de le porter à faire les derniers efforts, pour obscurcir l'éclat des Miracles des Apôtres, & en affoiblir l'impression. Il n'a rien opéré qui pût produire cet effet. Son silence & son inaction sont donc une marque sensible de sa foiblesse & de son impuissance. Rousseau ne voit pas ce qu'on eût pu opposer de solide aux Payens. Eh quoi ! nos Apologistes n'ont-ils pas cent fois pulvérisé tout ce qu'ils ont pu dire pour

combattre la Religion Chrétienne ?
Que Rousseau lise ces lumineuses Apo-
logies, il verra avec quelle supério-
rité notre Religion triomphe des vaines objections que les Payens faisoient
contre elle. Il suffit de voir de près la
conduite qu'ils ont tenue à l'égard de
ces hommes irréprochables qui faisoient la gloire & le bonheur des Villes & des Etats , les persécutions
inouies qu'ils leur ont fait souffrir ,
pour comprendre que la force & la
violence suppléoient au défaut de bonnes & solides raisons qu'on ne pouvoit
donner contre eux.

Rousseau , après avoir désapprouvé
la conduite que l'Univers a tenue ,
voudroit le ramener à celle qu'il tient
lui-même. » Que faire en pareil cas ,
» continue-t-il ? Une seule chose : re-
» venir au raisonnement, & laisser-là
» les Miracles. Mieux eût valu n'y

» pas recourir. C'eſt-là du bon ſens
» le plus ſimple , qu'on n'obſcurcit
» qu'à force de diſtinctions tout au
» moins très - ſubtiles. Des ſubtilités
» dans le Chriſtianiſme ? Mais Jeſus-
» Chriſt a donc eu tort de promettre
» le Royaume des Cieux aux ſimples,
. . . . . s'il faut tant d'eſprit pour en-
» tendre ſa doctrine , & pour appren-
» dre à croire en lui «. C'eſt le bon
ſens qui nous dicte de laiſſer - là les
Miracles pour recourir au raiſonnement. Tous ceux qui ont ſuivi la voix
des Miracles pour laiſſer les raiſonne-
mens , n'ont donc pas été conduits par
le bon ſens : ceux , au contraire, qui ,
mépriſant l'autorité de tant de Miracles , ont perſévéré dans leur impiété
& leur irreligion , & qui ont perſé-
cuté les Chrétiens à toute outrance :
voilà ceux qui ont écouté le bon ſens
& la Raiſon. Quel bon ſens que celui
de Rouſſeau !

L'homme peut-il faire un meilleur uſage de ſon bon ſens, que de ſe ſoumettre à l'autorité de Dieu parlant par ſes Miracles? & peut-il, au contraire, en faire un plus grand abus, & agir d'une manière plus oppoſée au vrai bon ſens, que de laiſſer-là les Miracles pour s'en tenir au raiſonnement? Dans quel abîme n'eſt pas capable de précipiter un pareil ſyſtême? Que ſont devenus tous ceux qui l'ont ſuivi comme Rouſſeau? L'idolatrie, l'irreligion & des déſordres de toute eſpéce en ont été les dignes fruits.

Rouſſeau veut ramener toute la Religion au raiſonnement : mais la Raiſon étoit-elle capable de comprendre & de pénétrer tout ce qu'il plaiſoit à Dieu de lui révéler? Et Dieu ne pouvoit-il donc révéler à ſa créature, que ce que ſa foible Raiſon pouvoit comprendre? Où eſt la Raiſon humaine

qui peut atteindre à un Dieu en trois
Personnes qui n'ont toutes qu'une
même nature & une même substance ?
Par quel raisonnement pouvoit-on
découvrir qu'un Dieu s'est fait Homme, & est mort sur une Croix comme le dernier des coupables, pour
expier un péché commis quatre mille
ans auparavant ? Quel est l'homme
qui, par la seule lumière de sa Raison, auroit pû connoître l'état du
genre-humain, sa chûte, les effets
incompréhensibles du péché originel,
le besoin d'un Réparateur, la résurrection des morts, le bonheur & les
peines éternelles ? Jugeons de ce que
peut notre foible Raison, par les
vains efforts que Dieu lui a laissé faire, avant d'envoyer son propre Fils
pour l'éclairer & l'instruire. Il a voulu
qu'elle éprouvât, par une triste &
longue expérience, ses ténèbres &

fon impuiſſance : auſſi , dans combien d'erreurs & d'égaremens les hommes, qui paſſoient pour les plus éclairés, ne font-ils pas tombés ? Quelle diviſion parmi les Philoſophes ſur le bonheur & la deſtination de l'homme ? En combien de Sectes différentes ne ſe font-ils pas partagés ſur les points les plus importans. Ils n'ont jamais pû comprendre ni allier ce fond de grandeur & d'excellence que l'homme porte en lui, & ces ſentimens ſi bas & ſi déréglés qu'il y réunit.

C'eſt donc en vain , ô Homme, que vous cherchez dans vous-même le reméde à vos miſères (*a*). Toutes vos lumières ne peuvent ſervir qu'à vous faire connoître que ce n'eſt point en vous que vous trouverez ni la vérité ni le bien. Les Philoſophes vous l'ont promis, comme Rouſſeau,

(*a*). Paſcal.

& ils n'ont pû vous le procurer. Ils
ne fçavoient ni quel eſt votre véritable bien , ni quel eſt votre véritable
état. Comment auroient-ils donné des
remédes à vos maux, puiſqu'ils ne lés
ont pas ſeulement connus? Vos maladies principales ſont l'orgueil qui
vous ſouſtrait à Dieu , & la concu-
piſcence qui vous attache à la terre ;
& ils n'ont fait autre choſe que les
augmenter & les entretenir. S'ils vous
ont donné Dieu pour objet , ce n'a
été que pour exercer votre orgueil.
Ils vous ont fait penſer que vous lui
étiez ſemblable par votre nature.
Ceux au contraire qui ont vû la vanité de cette prétention , vous ont
jetté dans un précipice oppoſé , en
vous faiſant entendre que votre Nature étoit pareille à celle des bêtes ;
& ils vous ont porté à chercher votre
bien dans les concupiſcences qui ſont

le

le partage des animaux. Voilà où la
Raison, laissée à elle-même, vous a
conduit & entraîné. C'est donc par
un aveuglement des plus déplorables,
que Rousseau veut nous y ramener,
& en faire dépendre la Foi & la révélation. Le meilleur usage que nous
puissions faire de notre Raison, c'est
de la soumettre humblement à l'une
& à l'autre, & de reconnoître qu'il
y a une infinité de choses qui la sur-
passent. La Foi est l'unique moyen
de suppléer au défaut de notre Raison ; c'est son mérite d'ignorer ce
qu'elle croit, & d'espérer ce qu'elle
ne connoît pas. Rien de plus grand
& de plus noble qu'elle ; c'est à Dieu
seul qu'elle croit ; c'est sur le témoignage qu'il lui rend de lui-même,
qu'elle se soumet. Plus les choses qui
lui sont révélées, lui paroissent au-
dessus de la Raison, plus elles sont

difficiles à concevoir, plus elle y reconnoît la grandeur impénétrable de
l'Etre infini qu'elle adore; & l'obfcurité qui l'étonne, eft pour elle une
preuve de vérité.

Le plus grand avantage que l'homme ait reçu, & qui le mette plus en
état de rendre à fon Créateur un hommage & un devoir digne de lui, c'eft
que fi Dieu eft au - deffus de fon intelligence, il n'eft pas au-deffus de fa
Foi, & qu'il peut mettre une efpèce
d'égalité entre la majefté incompréhenfible de Dieu, & une Foi fans
bornes.

Il eft vrai que Dieu n'entend pas
que nous foumettions à lui notre créance fans raifon, & nous affujettir à lui
avec tyrannie : mais il ne prétend pas
auffi nous rendre raifon de toutes
chofes. Il entend feulement nous donner des marques certaines & convain-

quantes, que c'eſt lui qui nous parle,
procurer, par des Merveilles & des
preuves que nous ne puiſſions refu-
ſer, une autorité déciſive à ce qu'il
dit & à ceux qu'il nous envoie : mais
il exige enſuite, avec raiſon, que
nous croyions ſans héſiter, les choſes
qu'il nous enſeigne, quand nous ne
trouverons d'autre motif pour les rejetter, ſi ce n'eſt que nous ne pouvons
connoître par nous-mêmes ſi elles ſont
ou non.

Où ſont les ſubtilités que Rouſſeau
nous reproche ? Y eût-il jamais rien
de plus ſimple & plus à la portée de
tous les eſprits, que la manière dont
notre Religion perſuade les plus grandes vérités ? Dieu parle, les Miracles qu'il opère prouvent clairement
que c'eſt lui ; & les ſimples comme
les ſçavans n'ont plus qu'à croire avec
une humble docilité, ce que Dieu

leur a dit. Voilà en abrégé toute notre Religion. Y eut il jamais de mé-
thode plus courte & plus facile ? La
Foi est si analogue aux plus simples ,
que la simplicité fait elle-même son
plus beau caractère. Ce n'est pas par
des questions subtiles & épineuses que
Dieu nous appelle à la vie éternelle ;
mais par la Foi, qui y ouvre à tous
une entrée prompte & facile. *In sim-*
plicitate Fides est (a) *, in Fide justitia*
est , in confessione pietas est. Non per
difficiles nos Deus ad beatam vitam
quæstiones vocat . . . . in absoluto nobis
ac facili est æternitas. Croire est de tout
état & de toute condition ; mais rai-
sonner ne convient qu'à peu de personnes. Si c'étoit donc par le raisonnement , comme le prétend Rousseau,
que Dieu appellât les hommes à ses
promesses, ce seroit vraiment pour

(a) *S. Hilar. libr.* 2 *, de Trinit.*

lors que les simples auroient droit de se plaindre, & pourroient dire à Dieu : C'est en vain, Seigneur, que vous nous avez promis le Royaume des Cieux ; il ne peut nous convenir, il faut trop d'esprit, de raisonnemens, pour que nous puissions y atteindre.

Nous ne pousserons pas plus loin cette réfutation des erreurs de Rousseau. Nous croyons en avoir assez dit pour faire sentir les déraisonnemens continuels d'un homme qui ose mesurer son aveugle & foible raison avec la Raison suprême. En vérité, dirons-nous après le célèbre Pascal, il est glorieux à la Religion d'avoir pour ennemis des hommes si déraisonnables. Leur opposition lui est si peu dangereuse, qu'elle sert au contraire, à l'établissement des principales vérités qu'elle nous enseigne. Car la Foi Chrétienne ne va principalement qu'à éta-

blir ces deux chofes, la corruption de
la Nature & la rédemption de J. C.
Or, s'ils ne fervent pas à montrer la
vérité de la rédemption par la fainteté
de leurs mœurs, ils fervent au moins
admirablement à montrer la corruption de la Nature par des fentimens fi
dénaturés.

SECONDE LETTRE

Adreſſée à Rouſſeau.

LA LECTURE de votre troiſiéme
Volume, Monſieur, ne peut manquer
d'exciter l'indignation de la plus ſaine
partie du Public. On ne vous paſſera
point les fauſſes maximes que vous
avez ſemées dans cet Ouvrage, & ſur-
tout d'avoir attaqué les fondemens de
la Religion révélée. Vous introdui-
ſez un Vicaire Savoyard, & vous
croyez qu'en faiſant diſtiller le venin
par ſa bouche, vous ſerez à l'abri de
la cenſure. Artifice groſſier ! Ce ſont
des détours uſés, dont perſonne n'eſt
la dupe. Tout ce que vous dites contre les Matérialiſtes eſt excellent :
mais ce que vous oſez avancer contre
la Religion révélée, n'en eſt pas

F iv

moins indigne d'un Philosophe Chrétien, & moins contraire au bien public. Il semble que vous avez voulu mécontenter tout le Monde, en essayant de renverser tout, & en détruisant d'une main ce que vous semblez édifier de l'autre. A quel dessein votre Vicaire Savoyard veut-il ébranler les fondemens de la Religion Chrétienne, & nous faire quitter la voie de la Révélation ? Est-ce pour nous rendre plus raisonnables ? Si l'on n'est pas assez touché des égaremens des Philosophes anciens, que l'on jette les yeux sur ceux qui vivent aujourd'hui. Les erreurs grossières qu'on apperçoit dans leurs Ouvrages, nous font connoître qu'on se précipite dans un abîme de ténèbres, lorsqu'on quitte le flambeau de la Foi. Une expérience de deux mille ans n'étoit-elle pas suffisante pour vous convaincre

des égaremens dont les hommes font
capables à cet égard ? Quel eft celui
des Sages de l'Antiquité qui ait parlé
de Dieu d'une manière digne de Dieu ?
C'eft à la Révélation que nous devons
d'être plus éclairés que tout ce que la
Gréce a produit de Sectes & de Philofophes. L'unité de Dieu, la fpiritua-
lité de fon être, fon indépendance,
fa puiffance fans bornes, fa liberté
dans le gouvernement des créatures,
ont été méconnues des uns, & foible-
ment défendues par les autres.

La vraie Religion doit apprendre
à connoître Dieu & à fe connoître
foi-même. Quelle autre que la Religion révélée l'a pu faire ? Qui m'a
donné l'être ? Qui fuis-je ? Pourquoi
fuis-je ? Que deviendrai-je en fortant
du monde ? A toutes ces queftions,
toutes les autres Religions demeurent
muettes, ou ne me débitent quedes

fables. La seule Religion Chrétienne m'apprend que je tiens de Dieu tout ce que je suis, mais que je ne suis plus ce que j'étois au sortir des mains de Dieu. Elle seule m'apprend que cette pente que j'ai vers le mal, est la punition d'un péché commis dans un état où l'on jouissoit d'une très-grande facilité pour le bien. La Religion Chrétienne ne se contente pas de me montrer ma misère, elle me montre la voie pour en sortir, & m'assure une félicité toujours durable dans la possession de celui pour lequel j'ai été fait. Dire à l'homme d'où il vient, ce qu'il est, & ce qu'il deviendra ; lui rendre raison de ce mélange de grandeur & de bassesse qu'il découvre dans le fond de son être ; lui marquer ce qu'il doit à Dieu, ce qu'il se doit à soi-même, ce qu'il doit à tous les Hommes ; c'est le privilège

de la Religion révélée. Toutes les autres n'ont pû percer dans ce Sanctuaire : car qui peut connoître ce qui est
en Dieu, si ce n'est l'Esprit de Dieu,
& celui à qui ce divin Esprit aura
voulu le révéler ? Quitterons - nous
donc la source de la lumière, pour
devenir le jouet de vos erreurs & de
vos contradictions ? Avez - vous cru
que votre réputation d'homme extraordinaire, étoit assez-bien établie,
pour nous arracher tous au joug salutaire de la Foi ? Avez-vous pû vous
imaginer que votre fausse éloquence
alloit faire oublier les argumens lumi-
neux & démonstratifs avec lesquels
les Pascal, les Abbadie ont prouvé
la vérité de la Religion révélée ? Non,
M. ne vous flattez pas : vous n'en im-
poserez qu'aux esprits superficiels, &
à ceux qui ne cherchent qu'à se justifier
à eux - mêmes leurs passions les plus

criminelles. On eſt forcé de l'avouer ;
les paſſions ont toujours été le ſeul
berceau de l'incrédulité. On ne ſecoue
le joug de la Foi , que pour ſecouer
le joug des devoirs ; & la Religion
n'auroit jamais eu d'ennemis , ſi elle
n'avoit été l'ennemie du déréglement
& du vice. C'eſt le cœur corrompu
qui cherche à obſcurcir les caractères
de divinité qui élèvent ſi fort la Religion révélée au-deſſus de toutes les
Religions qui ont paru dans le Monde. Eh ! quelles preuves n'avons-nous
pas de la divinité de notre Religion ?
Quoi de plus évident que la miſſion
divine des Patriarches , de Moyſe &
des Prophêtes , de Jeſus-Chriſt & des
Apôtres ? Moyſe , par ſes prodiges , a
ébranlé toute la Nature. Les Prophetes ont prédit les événemens les plus
éloignés. Jeſus-Chriſt a fait des Miracles que nul n'avoit fait avant lui.

Les Apôtres ont renversé l'Idolâtrie, & porté la connoissance du vrai Dieu jusqu'aux extrémités de la terre. La ruine de Jérusalem, la punition des Juifs, la conversion des Gentils, la force divine de la Religion, qui à subsisté & s'est accrue, malgré les cruautés des hommes : La multitude des Martyrs, qui ont mieux aimé verser leur sang, que de renoncer à cette Religion dont Dieu seul est l'Auteur : Le don persévérant des Miracles que l'Eglise Catholique a droit de s'approprier : Enfin, la sublimité de la Doctrine Evangélique qui est si supérieure à tous les systêmes humains. En effet rien n'est si pur que le culte qu'elle enseigne, rien de si exact que les régles qu'elle prescrit, rien de si saint que la vie qu'elle propose, rien de si noble que la récompense qu'elle nous fait espérer, rien de si propre à

rendre les Hommes & les Sociétés
heureuses, puisqu'en soumettant les
passions à la Raison & à la Religion,
elle a ôté jusqu'à la source de nos malheurs, en ôtant celle de nos désor-
dres. Elle suppose toutes les vérités
naturelles, & n'en détruit aucune :
elle réforme tous les vices, & nous
conduit à la pratique de toutes les
vertus : elle perfectionne dans les
hommes ces idées de justice, de charité, de tempérance, de modestie &
de piété que l'Auteur de la Nature a
formées en nous, & que le péché y a
affoiblies. L'élévation des sentimens,
la noblesse des motifs, l'empire sur
les passions, la patience dans les ad-
versités, la douceur dans les injures,
le mépris de soi-même dans les louan-
ges, le courage dans les difficultés,
la modération dans les plaisirs, la fidélité dans les devoirs, l'égalité dans

tous les événemens de la vie ; en un mot, tout ce que la Philosophie a fait entrer dans l'idée de son Sage, ne trouve sa réalité que dans le disciple de l'Evangile. C'est cette divine Religion qui enseigne toutes ces vertus, qui a perfectionné la Religion naturelle & Judaïque, qui nous a découvert tout l'aveuglement & toutes les horreurs du Paganisme ; & qui, en nous instruisant du véritable caractère de la Vertu, nous a prémunis contre les fausses idées de la plûpart des Sectes de nos jours : c'est, dis-je, cette Religion, dont vous essayez d'ébranler les fondemens. Avez-vous cru qu'on alloit devenir muet, parce qu'on n'avoit pas votre talent d'écrire ? Vous vous êtes trompé. C'est ici que l'éloquence des choses & la force des preuves l'emportent sur le brillant & l'harmonie des mots. Je me conten-

terai de parcourir les principales erreurs grossières qui sortent de la bouche
de votre Vicaire Savoyard. Comme elles ne sont pas nouvelles, & que vous
n'êtes, malgré votre éloquence, que
l'écho des impies vos prédécesseurs,
ne soyez point surpris si nous vous re-
mettons sous les yeux les Réponses
lumineuses que les Apologistes de la
Religion révélée ont déja faites dans
leurs Ouvrages. Daignez lire avec im-
partialité, les Abbadie & les Pascal,
& vous y trouverez une réfutation suivie & complette de votre profession
de Foi, contenue dans le troisiéme
Volume.

» Pour être de bonne-foi, dites-
» vous, je ne me crois pas infaillible;
» mes opinions qui me semblent les
» plus vraies, sont peut-être autant
» de mensonges : car, quel homme
» ne tient pas aux siennes, & combien

» bien d'hommes font d'accord en
» tout? L'illufion qui m'abufe, a beau
» venir de moi, c'eft lui feul qui m'en
» peut guérir. J'ai fait ce que j'ai pû
» pour atteindre à la Vérité; mais fa
» fource eft trop élevée «. Après un
tel langage pouvoit-on s'imaginer
que vous attaqueriez la Religion révélée, dont vous montrez vous-même, la néceffité? Si l'homme n'eft
pas infaillible, fi les opinions les
plus vraifemblables font peut-être
autant de menfonges; fi la fource de
la Vérité eft trop élevée pour pouvoir y atteindre, il faut donc recourir à une révélation certaine qui re-
dreffe nos pas, qui diffipe nos ténèbres, & qui nous ôte toute incertitude & toute perplexité. Faudra-t-il fe
plaindre avec Démocrite, que la Vérité eft cachée dans un puits, fans faire fes efforts pour la découvrir? Se

G

bornera-t-on à confesser avec Socrate, son ignorance , sans s'occuper des moyens que la Sagesse divine nous a laissés pour nous éclairer sur les vrais biens de l'homme , & sur sa destination ? A quoi nous servira de dire avec Cicéron : » Que les foibles lueurs *(a)* » que la Nature nous a données , sont » maintenant si fort obscurcies par la » dépravation humaine ,qu'il ne reste » aucune trace de la lumière primi- » tive » ? Il est vrai , » ajoute cet Au- teur , » que notre esprit porte en lui- »même des semences de vertu capa- » blesde nous conduire naturellement » à une vie heureuse. Mais au lieu de » cela nous ne voyons pas plutôt le » jour, que nous sommes livrés à tou- » tes sortes de travers & d'opinions » déraisonnables , suçant , pour ainsi « dire , l'erreur avec le lait «. Cicé-

(*a*) *Tuscul. libr. 3.*

tion, par ce raifonnement, où il dé-
peignoit l'état de la Nature corrom-
püe, livrée à elle - même , fembloit
faire entrevoir la néceffité d'une révélation furnaturelle. Platon eft allé plus
loin. Après avoir prouvé que la piété
eft la chofe du monde la plus défira-
ble, & qu'il feroit très - avantageux
de l'apprendre, fi l'on avoit pour cela
de bons Maîtres, ajoute tout de fuite ;
*mais qui fera en état de l'enfeigner , fi
Dieu ne lui fert de guide ?* Dans le Dia-
logue intitulé, *Le fecond Alcibiade ,*
il introduit *Socrate*, difant : " Que les
" gens fages & vertueux, font ceux
" qui fçavent ce qu'il faut dire & fai-
" re, tant envers les Dieux qu'envers
" les hommes ; mais à l'égard des
" Dieux, il avoue que l'homme igno-
" re ce qui leur eft agréable : *De forte,*
dit-il, *que le plus sûr parti eft d'attendre que la Divinité prenant pitié de*

nous, *envoie quelqu'un pour nous in-*
ftruire. Quoi ! des Philofophes Payens,
ont beaucoup mieux raifonné fur la
néceffité d'une révélation , que ces
Déiftes de nos jours , qui méprifent
aujourd'hui un don fi attendu & fi
fouhaité. Porphire , tout ennemi qu'il
étoit des Chrétiens , avoue pourtant
que l'état fouillé & corrompu de l'A-
me , demande une purification générale ; & qu'il n'eft pas poffible de
croire que la Providence divine ait
laiffé le genre - humain privé d'un tel
reméde.

C'eft auffi une chofe très-remarqua-
ble , que tous ceux qui ont entrepris
d'inftituer quelque Religion entre les
peuples , ont cru devoir la donner
comme venant du Ciel. Minos , par
exemple , fe vantoit de tenir fes Loix
de Jupiter ; Lycurgue , d'Apollon ;
Numa, de la Nymphe Egerie ; Socrate

se piquoit même d'être inspiré par un bon Démon. Ces fictions téméraires méritent d'être blâmées ; mais on ne peut point en conclure que toutes les révélations sont également suspectes : au contraire, cette conduite des Législateurs découvre évidemment la pensée où ils étoient, que, sans une inspiration vraie ou supposée, on ne doit pas présumer de donner une assiéte stable à la Religion.

Montagne lui-même, en parlant de la Religion, est forcé de dire en son vieux & naïf langage : » à une chose » si divine & surpassant de si loin l'hu- » maine intelligence, il est bien besoin » que Dieu nous prête son secours d'une » faveur extraordinaire & privilégiée, » pour la pouvoir concevoir & loger » en nous, & ne crois pas que les » moyens purement humains en soient » aucunement capables. Et s'ils l'é-

» toient, tant d'ames rares & excellen-
» tes, & si abondamment garnies de
» forces naturelles ès siécles anciens,
» n'eussent pas failli par leurs discours,
» d'arriver à cette connoissance. Après
quoi, rapportant les erreurs des Philosophes & des peuples Payens, il
s'écrie : » O Dieu ! quelle obligation
» n'avons nous pas à la bénignité de
» notre Souverain Créateur pour avoir
» déniaisé notre créance de ces vaga-
» bondes & arbitraires opinions, &
» l'avoir logée sur l'éternelle base de sa
» sainte parole « ! Le savant la Mothe
le Vayer, après avoir rapporté dans son
Livre de la vertu des Payens, les diverses *rêveries*, *dont il n'y a pas une*
qui n'ait été avancée par quelque Phi-
losophe, ajoute : *C'est ce qui doit nous*
porter à la reconnoissance de notre foi-
blesse, *& nous faire avouer que sans*
l'assistance d'une lumière surnaturelle,

les plus grands Efprits courent fortune de fe perdre dans les ténébres d'une ignorance qu'ils ne peuvent pas d'eux-mêmes furmonter.

Votre Vicaire Savoyard auroit dû, à l'exemple de ces Philofophes anciens & modernes, preffentir la néceffité d'une Révélation, loin de chercher à la combattre. La Raifon feule devoit lui faire conclure que les hommes ont eu befoin d'une Révélation pour y apprendre des chofes qu'ils n'avoient pu favoir d'une autre manière, ou pour y apprendre mieux ce qu'ils auroient pu favoir autrement. Il devoit lui paroître très-croyable que la bonté fouveraine de Dieu lui ait fait employer ce moyen pour inftruire les hommes des chofes qu'il leur importoit de connoître. Celui qui nous a donné une langue pour nous entre-communiquer nos penfées, à certaine-

ment eu le pouvoir de nous communiquer des siennes, d'une manière qui
nous les rendît intelligibles ; & pour
cet effet il a pu se servir du ministère
de nos semblables. Après tout, si la
Révélation étoit impossible, ce seroit
ou parceque Dieu n'en peut pas communiquer les lumières à l'homme, ou
parceque l'homme est incapable de les
recevoir. Or la Raison nous dit que
l'ame de l'homme étant l'Ouvrage de
Dieu, ce Dieu qui lui a donné l'existence peut aussi opérer sur elle comme
il lui paroît convenable. Il est également certain que l'homme est capable
de recevoir & de communiquer la connoissance des vérités révélées, & que
la manière dont elles lui ont été com-
muniquées, est proportionée à ses facultés. On ne peut donc contester la
possibilité & la nécessité de la Révélation, sans renoncer aux lumières de la

Raifon, & fans attaquer la Divinité même.

En effet il répugne à la Sageſſe divine de placer aucune créature intelligente dans une ſituation & dans des circonſtances où l'uſage le plus légitime de la Raiſon deviendroit pour elle un piége inévitable d'illuſion & d'erreur : la Raiſon n'eſt pas chargée d'examiner ni de comprendre ce que l'Etre infiniment parfait daigne lui révéler de ſes grandeurs & de ſes deſſeins. Mais la Raiſon eſt donnée pour examiner ſi Dieu parle & révèle ; elle croit ſans comprendre, mais elle comprend qu'r elle doit croire. Elle n'acquieſce à des choſes dont elle révère l'obſcurité, que parceque l'évidence des motifs demandе & auroriſe ſon acquieſcement.

Je reviens à votre Vicaire qui ne ſe borne point aux contradictions, & qui débite avec ſon ton affirmatif les er-

reurs les plus grossières. » Vous ne
» voyez, dit-il à Emile, dans mon ex-
» posé, que la Religion naturelle : il est
» bien étrange qu'il en faille une autre !
» Par où connoîtrai-je cette nécessité ?
» De quoi puis-je être coupable en ser-
» vant Dieu selon les lumières qu'il
» donne à mon esprit, & selon les sen-
» timens qu'il inspire à mon cœur ?
» Quelle pureté de morale, quel do-
» gme utile à l'homme, & honorable
» à son Auteur, puis-je tirer d'une
» doctrine positive, que je ne puisse ti-
» rer sans elle du bon usage de mes
» facultés » ?

La Religion naturelle que votre
Vicaire semble défendre avec chaleur,
n'est pas tant une règle que les hommes doivent se proposer dans leur
conduite, qu'un nom spécieux dont il
se sert pour combattre la Révélation,
& pour persuader aux hommes que le

Christianisme est une institution inutile, non-seulement à l'égard de ses Dogmes, mais même à l'égard de sa morale. Il n'y a qu'un cœur corrompu qui
puisse faire ses efforts pour déprimer
cette céleste doctrine qui développe la
Religion naturelle, & donne à celle-ci
un plus haut dégré de pureté & de perfection. En effet, elle règle l'intérieur
aussi bien que l'extérieur de l'homme ;
nos pensées comme nos actions. Elle
nous ordonne de nous abstenir, non-
seulement du péché, mais de tout ce
qui peut y conduire ; non-seulement
du mal, mais même de toute apparence de mal. Elle veut que nous aimions
sincèrement nos ennemis, aussi bien
que nos amis, & elle nous porte à une
exacte observation de tous nos devoirs
par des motifs bien plus puissants que
tous ceux que les lumières naturelles
peuvent nous fournir. Les règles de

conduite qu'elle nous prescrit sont claires, simples, à la portée de tous les Esprits. Les préceptes qu'elle nous donne,
tendent admirablement à la paix & au
bonheur du genre humain, en répri-
mant de la manière la plus efficace, nos
passions déréglées, comme la colère, la
haine, la vengeance, & en nous incul-
quant par tout, les plus belles leçons
qu'il soit possible d'imaginer sur la douceur, le pardon des injures, la charité
& ses admirables effets : d'ailleurs elle
exige la pratique des devoirs qui appar-
tiennent aux diverses relations que les
hommes ont entre eux, & de l'observation desquels dépendent si fort la paix
& le bon ordre non-seulement des familles, mais même des sociétés entiè-
res. Elle nous fournit les plus puissan-
tes consolations dans les disgraces, &
nous met en état de supporter patiem-
ment tous les maux de cette vie. Enfin

elle expofe à nos yeux le plus doux, le
plus raviffant de tous les objets, une
immortalité bienheureufe dans un état
à venir; & elle nous en donne une certitude entière. La haine pour une Doctrine fi excellente ne peut venir que
de l'extrême corruption du cœur, qui
l'éloigne de la fainteté que cette Doctrine exige. Il vous paroît étrange qu'il
faille une autre Religion que la Religion naturelle, & qu'on doive emprun-
ter de la Révélation ce que les lumières naturelles de la Raifon ne peuvent
feules découvrir. Mais rien ne prouve
plus, que les lumières de la Raifon &
la Religion naturelle font infuffifantes
pour conduire les hommes au falut, que
les difputes fans fin & les opinions tout-
oppofées des anciens Philofophes, non-
feulement à l'égard des vérités fpécula-
tives, mais encore à l'égard des règles fondamentales de la morale par

rapport à ce qui conftitue le jufte ou
l'injufte, ce qui doit être permis ou dé-
fendu, & même par rapport à la fin
que l'homme doit fe propofer pour
être heureux.

La Religion naturelle devoit également être gravée dans le cœur des
hommes dans le tems du paganifme.
Cependant à quels excès monftrueux,
à quelles fuperftitions n'étoient pas livrés les Chaldéens, les Égyptiens, les
Grecs & les Romains! Les plantes &
les plus vils animaux étoient leur Divinité. Leurs facrifices étoient le plus
fouvent cruels, & leurs cérémonies fa-
criléges. Leur Morale n'étoit tout au
plus qu'une vaine fpéculation, parceque leurs belles maximes n'étoient
point accompagnées de puiffants motifs. Ces Philofophes payens ne propo-
foient que des motifs foibles & un peu
de fumée à leurs difciples.

On remarque tous les jours que tous ces prétendus sages qui rejettent toute Loi révélée ou écrite, ne sont liés qu'autant qu'il leur plaît par leur Religion naturelle. Ils en sont les juges & les interpretes : ils l'étendent & la retréciffent, l'abrogent & l'expliquent à leur fantaifie. La Religion révélée n'eft pas fufceptible de toutes ces variations : fes principes font fixes : elle forme le nœud indiffoluble d'une fainte alliance entre Dieu & l'homme : elle furpaffe la Raifon fans la combattre, & donne à notre foi des objets forts fupérieurs à tout ce qui fe voit fur la terre, & à tout ce que la fageffe humaine pouvoit imaginer. C'eft à cette Théologie chrétienne qu'il eft refervé de mettre au jour toutes les vérités de la Religion naturelle, & de leur prêter une nouvelle force.

Qu'on exalte tant qu'on voudra la

Religion naturelle, on eſt forcé de convenir qu'il y a pluſieurs vérités que la Révélation ſeule nous a découvertes : vérités dont la connoiſſance eſt abſolument néceſſaire. Rien n'eſt plus important que ce qu'elle nous enſeigne ſur la nature du Culte qu'il faut rendre à la Divinité pour lui être agréable , ſur le moyen infaillible d'obtenir le pardon de nos péchés , notre réconciliation avec Dieu , & un ſecours ſurnaturel pour nous mettre en état de faire ſa volonté. C'eſt elle encore qui nous découvre ces puiſſans motifs à la vertu qui naiſſent de la pleine certitude que nous avons des peines ou des récompenſes qui nous ſont deſtinées dans une autre vie ſelon la conduite que nous aurons tenue dans celle - ci.

Vous dites par la bouche de votre Vicaire, *que Dieu à tout dit à nos yeux,*

à

à notre conscience, & à notre jugement.
Mais nos yeux ne se sont-ils pas obscurcis depuis le péché de nos premiers peres? La voix de la conscience n'est-elle pas le plus souvent étouffée par nos passions? Le jugement qui nous dirige dans nos connoissances n'est-il pas devenu pour la plupart des hommes livrés à eux-mêmes, un principe de séduction? & notre Raison n'invente-t-elle point les sophismes les plus captieux, sur tout lorsqu'il s'agit de justifier nos passions? D'ailleurs le pouvoir de donner des loix à la conscience découle de Dieu seul, qui en penetre l'obscurité & les replis; & c'est la Religion révélée qui nous développe la sagesse & l'utilité de ces loix. Quand on supposeroit, ce qui n'est point, que Dieu a tout dit à notre Raison; dès que cette faculté naturelle est déchüe de l'état de sa perfection originelle,

elle ne peut être qu'un guide aveugle.
Loin de déprimer comme vous faites
la Religion surnaturelle, vous devriez
continuellement remercier son divin
Auteur d'être venu lui-même diſſiper
nos ténébres. C'eſt à cette Religion que
vous êtes redevable de pluſieurs vérités
qui ſont établies dans votre Ouvrage.
Tous les Philoſophes de nos jours qui
comme vous rejettent un don ſi précieux, reſſemblent à ces enfans *drus
& forts d'un bon lait qu'ils ont ſucé* (a),
qui battent leurs nourrices.

Placez M. votre Vicaire, non dans
un tems où la lumière naturelle eſt dé-
gagée par le ſecours de l'Evangile, des
ténebres qui la couvroient, mais dans
un tems où ces ténebres regnoient encore; faites-le naître dans l'un des ſiécles qui ont précédé la venue de Jeſus-

(a) C'eſt ce que M. Labruyère diſoit des beaux
Eſprits modernes qui affectent de mépriſer les Anciens, après s'être nourris de leurs Écrits.

Chrift, ou dans ces contrées où les
rayons céleſtes n'ont pas encore pé-
nétré, & votre Vicaire n'attaquera
pas ſi bien les Matérialiſtes. Il courroit
riſque au contraire d'être confondu
ou dans la foule des Idolâtres, ou dans
la claſſe des Eſprits qui cherchent encore à tatons & ſouvent ſans ſuccès les
premières vérités. Que les partiſans de
la Religion naturelle & dénuée du ſecours de la Révélation, prennent garde
de ne pas trop préſumer d'eux-mêmes.
Ils prétendent que c'eſt une choſe facile de découvrir par la lumière naturelle
tout ce que l'Ecriture ſainte nous enſeigne, ou du moins ce qu'il y a d'eſſen-
tiel : cela ne coute rien quand on eſt
déja inſtruit par l'Ecriture : mais en ſeroit-il de même ſi jamais on n'en eût
ouï parler ? Il me ſemble voir des
gens, qui après avoir paſſé par les
mains d'un Maître, ſe vantent d'avoir

appris d'eux-mêmes tout ce qu'ils savent, ou qui entendant parler de quelque belle découverte, s'imaginent qu'il
leur eût été facile d'en faire autant. Que
si l'on veut juger de ce que peut la Raison humaine à cet égard, ce n'est pas
une Raison déja éclairée de la Révélation qu'il faut consulter, mais une
Raison dépourvue de ce secours. Or
cette Raison ainsi abandonnée à elle-
même, quels monstres n'a-t-elle pas
enfantés : j'en prens à témoin tous les
Philosophes Payens, entre lesquels il
s'est trouvé des génies non moins ha-
biles ni moins perçants que ceux de
nos jours.

» S'il étoit une Religion, dites-vous,
» sur la terre, hors de laquelle il n'y
» eût que peine éternelle, & qu'en quel-
» que lieu du monde un seul mortel de
» bonne foi n'eût pas été frappé de son
» évidence, le Dieu de cette Religion

» seroit de plus inique & le plus cruel
» des Tyrans «.

Le grand Pascal, dont la Dialectique
valoit certainement plus que celle de
votre Vicaire, étoit bien éloigné de
croire que l'Evidence étoit un caractère essentiel de la véritable Religion.
» Le dessein de Dieu, dit ce beau gé-
» nie, est plus de perfectionner la vo-
» lonté que l'esprit. Or la clarté par-
» faite ne serviroit qu'à l'esprit, &
» nuiroit à la volonté; s'il n'y avoit
» point d'obscurité, l'homme ne sen-
» tiroit pas la corruption : s'il n'y avoit
» point de lumières, l'homme n'espé-
» reroit point de remede : ainsi il est
» non-seulement juste, mais utile pour
» nous que Dieu soit caché en partie
» & découvert en partie, puisqu'il est
» également dangereux à l'homme de
» connoître Dieu sans connoître sa mi-
» sère, & de connoître sa misère sans
» connoître Dieu «.   H iij

» Il y a affés de lumière pour ceux
» qui ne defirent que de voir , & affés
» d'obfcurité pour ceux qui ont une
» difpofition contraire. Il y a affés de
» clarté pour éclairer les Elus , & affés
» d'obfcurité pour les humilier. On
» n'entend rien aux Ouvrages de Dieu,
» fi on ne prend pour principe qu'il
» aveugle les uns & qu'il éclaire les
» autres «.

Votre Vicaire Savoyard auroit bien
mieux fait de méditer les Penfées de
ce beau génie , que de venir débiter
dans un livre d'éducation fes maximes
impies : il y auroit vû que la conduite
de Dieu dans toutes fes œuvres fert à
faire briller fa juftice & fa miféricorde ,
& que le mélange de clarté & de ténebres entre dans l'exécution de ce
deffein. Les voiles dont il plait à Dieu
de couvrir fa vérité ne font point affés
épais pour la dérober à ceux qui ont le

cœur droit, & qui la cherchent fincé-
rement, ni pour rendre excufable l'a-
veuglement de ceux dont le cœur eft
corrompu. La reffource de l'obfcurité
de certains points de la Religion révélée, eft une reffource fermée pour nos
Philofophes: l'unique qui leur refte, s'ils
veulent raifonner, eft de dire qu'il n'eft
conftant ni démontré que Dieu lui-
même fe foit expliqué dans l'Evangile:
c'eft donc en ce point feul qu'eft tout
le nœud de la controverfe. Eft ce la
voix du Tout-puiffant qui fe fait entendre dans l'Evangile, ou bien n'eft-ce
que la voix trompeufe des hommes?
Il ne s'agit pas de favoir s'il y a évidence dans les vérités révélées, tout
confifte à favoir s'il exifte une Révélation ou non: dans les affaires de
droit, on eft recevable à demander le
pourquoi, parcequ'on n'eft pas obligé
de foumettre fes lumières aveuglé-

ment , & sans avoir pesé les raisons
qui doivent déterminer à ce sacrifice.
La Religion révélée elle-même ne
défend pas de remonter à l'origine
des motifs propres à persuader l'o-
béissance qu'elle exige ; mais dans les
affaires de fait , le point fixe & précis consiste à s'en bien assurer. Supposé que le fait soit une fois bien avé-
ré , si je ne puis pénétrer le *comment*
& le *pourquoi* ; tout ce qui en peut
résulter , c'est que mes lumières sont
bornées : mais le fait n'en est pas
moins constaté, & c'est dans ce sens
qu'on dit communément & avec raison , qu'on ne dispute pas contre les
faits.

Rien n'est plus conforme à la Raison , que de la soumettre à la Foi:
le meilleur usage qu'on peut faire de
ses lumières , est de les sacrifier à celui dont on les tient. Il suffit de s'in-

former s'il a parlé, pour s'aveugler
sur ce qu'il a dit. Après les preuves
de la Révélation, il n'en faut plus attendre des choses révélées. En suivant cette voie, la Foi des plus incompréhensibles Mystères n'a rien qui
révolte la Raison ; mais leur profon-
deur même porte, à son égard, un
caractère de divinité qui contribue à la
soumettre.

Votre Vicaire veut de l'évidence,
& par ce seul mot il anéantit le mérite de la Foi. On ne croit pas proprement ce qu'on voit. La Foi doit
captiver l'entendement humain ; elle
cesseroit de le captiver, si son objet
n'avoit rien d'obscur. Une Vérité
qu'on démontre, ne captive jamais
notre esprit : la vûe des Mystères dans
le Ciel sera la récompense des Saints ;
mais la Foi des Mystères sur la terre,
fait le mérite des Fidèles. On avoue

que la Religion révélée eſt claire & ténébreuſe tout à la fois ; mais cet éclat & cette obſcurité ne tombent point ſur les mêmes parties du même objet. Nos Myſtères , il eſt vrai , ſont inacceſſibles à l'homme qui vit ſur la terre ; mais la certitude de ces mêmes Myſtères eſt jointe à des Vérités évidemment connues , & elle en eſt inſéparable. Il y a donc clarté & obſcurité. Vouloir rejetter ce qui eſt clair , à cauſe de ce qui eſt obſcur ; ou prétendre qu'une Religion ne peut venir de Dieu , parce qu'elle renferme des choſes obſcures , ou que tout n'y eſt pas également évident , c'eſt choquer toutes les régles du bon ſens & de la Religion , qui veulent qu'on explique ce qui eſt obſcur par ce qui eſt clair ; & quand on ne le peut , qu'on s'attache à la lumière en attendant que l'obſcurité ſoit levée.

Tel eſt l'avantage d'une Cauſe pré-
jugée par des motifs invincibles, qui
diſpenſent d'entrer dans le fond. Les
difficultés en apparence inſolubles,
qu'on oppoſe à une démonſtration,
prouvent ſeulement les bornes de l'eſprit humain, qui ne comprend pas
tout ; mais elles ne peuvent point
faire que ce qui eſt démontré ne ſoit
point certain, & dès-lors on n'eſt point
obligé d'y répondre. Il n'y a rien de
plus certain que le mouvement, rien
de plus ſenſible que les opérations de
nos ſens : néanmoins ceux qui ont le
plus étudié ces matières, ſont con-
traints de reconnoître qu'il y a des
obſcurités impénétrables, & deſquel-
les l'eſprit humain ne ſauroit ſe dé-
barraſſer. Si cela eſt inconteſtable dans
les ſciences naturelles, qui ſont le
plus à portée de nos forces, comment
pourrions-nous ſonder les ſecrets, les

profondeurs de l'Etre infini? Ainfi rien
de plus téméraire que de prétendre
qu'une Religion, pour être vraie, ne
doit renfermer que des vérités évidentes.

Notre Raifon eft pleine d'incertitude & de ténebres, & nous voulons
qu'elle foit notre régle. Nous fommes forcés d'avouer que nous avons
tous fur les yeux un bandeau impénétrable, & nous ofons décider que
nous n'avons aucun précipice à craindre. Si votre Vicaire, par fes maximes impies, & par les ténebres de
fon efprit, nous prouve que la Foi
eft un don de Dieu, qui n'eft point
accordé à tout le monde; nous fommes en état de lui prouver que la Foi
eft le meilleur ufage que l'homme
puiffe faire de fa Raifon; parce que
Dieu même, en touchant fécrette-
ment le cœur, n'exige la créance de

l'heureuſe nouvelle, qu'après en avoir produit au plus grand jour les atteſtations & les différentes preuves.

Or, le fait de la Religion révélée eſt, de tous les faits, celui dont les atteſtations ſe trouvent les moins équivoques, les plus nombreuſes, les plus perſévérantes, & les plus expoſées à tous les yeux. D'ailleurs, le ſentiment ſeul de nos imperfections nous conduit à ſouhaiter un ſupplément à nos connoiſſances (le beſoin de la révélation en prouve la vérité.) Si ce Supplément nous a été donné de fait par la révélation, alors nous ſommes déraiſonnables en ceſſant à cet égard de nous en rapporter aux ſimples recherches de notre Raiſon. Le parti n'eſt-il pas plutôt de nous en tenir fidélement à la révélation ? Il n'y a de ſens que dans cette conduite, puiſque c'eſt ſortir des ténebres qui ſont en nous, pour marcher à la lumière que Dieu nous offre. Cette conduite de notre part eſt néceſſaire, quand il s'agit d'une œuvre ſur laquelle on ne nous a pas conſultés, & dont l'agent eſt hors de nous.

Votre Vicaire veut ébranler la force des Miracles, parce qu'ils ne ſont atteſtés que par des témoignages humains. » Quoi , toujours des hom- » mes , dit-il , qui me rapportent ce » que d'autres hommes ont rappor- » té ! Que d'hommes entre Dieu & » moi ! Oh ! ſi Dieu eût daigné me diſ- » penſer de tout ce travail , l'en au- » rois-je ſervi de moins bon cœur » ? Votre Vicaire renverſe d'un ſeul mot tous les fondemens de la certitude hiſtorique , & n'héſite point d'introduire un pyrrhoniſme dont l'abſurdité a été ſi ſouvent démontrée. Dieu , ſelon lui , devroit deſcendre du haut du Ciel, & fe montrer à chaque homme avec tout l'appareil de fa puiffance extraordinaire, & lui notifier lui-même les Vérités qu'il doit croire, & les Vertus qu'il doit pratiquer. Un pareil paradoxe peut-il fortir de la bouche d'un homme qui fe croit Philofophe ? En effet, fi les témoignages humains ne renferment aucune certitude fur laquelle on puiffe compter, il faut que la Divinité fe manifefte à chacun de nous, & nous apprenne elle-même la nature du culte que nous lui devons. Si les témoignages des hommes, revêtus des circonftances requifes, peuvent nous tromper lorfqu'il s'agira des faits qui ont rapport à la Divinité ; pourquoi y ajouterions-nous foi, lorfqu'il fera queftion d'autres faits ?

Votre Vicaire peut-il, de bonne foi, ignorer que ce qu'il y a de plus

utile à l'homme, & de plus intéref-
fant pour la vie préfente & la vie future, eft établi fur ces principes ; que
les relations des fens, quand elles
font multipliées, conftantes & uni-
formes, donnent une conviction à
laquelle il eft impoffible de réfifter ;
que les hommes aiment naturellement
le vrai ; que les fentimens de la nature s'uniffent à ceux de l'amour-pro-
pre, pour les empêcher de s'ériger de
gaïeté de cœur, en menteurs & en
fauffaires ; qu'il n'y a que la Vérité
qui puiffe réunir dans un même témoignage un grand nombre d'hommes, divifés d'ailleurs d'intérêt, de
paffions & de préjugés ; qu'enfin l'erreur & le menfonge fe contredifent
toujours, & fe décelent par quelque
endroit ?

Qu'on affoibliffe ou infirme ces
principes de la certitude humaine,
tout

tout tombe dans le cahos & les ténebres d'un doute interminable. L'homme délibère , juge , agit au hazard &
à l'aventure ; les liens de la Société
sont brisés , l'histoire n'est plus qu'un
amas d'illusions & d'incertitudes ; ce
qui est plus terrible , les fondemens
de la Religion sont ébranlés & ren-
versés.

« Tous les hommes qui se piquent
de raison , se font un devoir d'ajouter
foi à divers événemens arrivés il y a plusieurs siécles. Nous croyons l'existence
de divers objets qui sont à mille lieues
de nous , aussi fermement que nous
croyons la vérité d'une proposition
d'Euclide. Dans ces deux cas , si nous
voulons bien nous interroger nous-
mêmes , nous sentons même conviction , même repos d'esprit , même
impuissance de douter ; & quand nous
essayons d'entrer en doute , même

reproche de la part de notre Raison.
Il faut donc que ces sujets ayent leur
ordre de démonſtration à part ; car je
ne puis être certain de quelque vérité
que ce ſoit , ſans en avoir de ſolides
raiſons , qui ſoient capables d'être dé-
veloppées & rendues ſenſibles à quiconque prétendroit la nier.

Un fait ſe démontre par le concours
des témoignages qui l'atteſtent. On
convient qu'un ſeul homme & un
ſeul Hiſtorien peuvent abſolument ſe
tromper dans le récit d'un fait : mais
quand le témoignage de toute une
Ville s'accorde avec le récit de cet
homme ; quand l'Hiſtoire que j'ai lue
ſe trouve appuyée du témoignage una-
nime des Hiſtoriens ; alors il ne reſte
aucun ſujet de douter. Pourquoi cela ?
C'eſt qu'il eſt impoſſible que les ſens
de pluſieurs milliers de perſonnes ſe
trouvent frappés tout à la fois d'une

même illusion ; c'est qu'il n'est pas possible que toute une Ville conspire pour me tromper sur un même fait, & sur un fait qui ne sera souvent d'aucune importance ; c'est qu'il est absurde de supposer que tous les Historiens se soient donné le mot pour attester un même mensonge. Ce concert de témoignages en prouve la vérité, n'y ayant que la vérité seule qui l'ait pû former. Je les regarde, ces témoignages qui de toutes parts viennent m'instruire d'un fait, comme un assemblage de phénomenes, qui devant avoir une cause qui l'explique, n'en sauroit avoir d'autre que l'existence de ce même fait. Dieu est en quelque forte garant de la vérité qui résulte d'un tel concert de témoignages humains ; & de ce concours d'apparences, sa sagesse, sa bonté, sa véracité, me mettent à l'abri d'une illu-

sion que son pouvoir lui rend possible.
Une telle disposition miraculeuse de
phénomenes sur un fait inexistant,
auroit l'essence d'un faux témoignage; Dieu nous jetteroit dans un laby-
rinthe d'incertitudes, ce qui répugne
à sa bonté. On pourroit l'accuser de
manquer de sagesse, puisqu'il boule-
verseroit l'ordre de la Société, sus-
pendroit l'action des œuvres morales,
forceroit les hommes, par une impression miraculeuse, à violer toutes
les régles de leur conduite : ce seroit
faire de la Divinité, le plus capricieux
& le plus insensé de tous les Etres.
Voilà les blasphêmes que la mauvaise dialectique de votre Vicaire occa-
sionneroit.

Devroit il ignorer, votre Vicaire,
que l'ordre moral de la Société, tout
comme celui du Monde corporel,
roule sur certaines Loix invariables

qui ont leur fondement dans la nature même de l'homme, & dans le caractère essentiel de l'esprit humain ?
Ce que je chercherois en vain dans un
témoignage, je le trouve dans le concours de plusieurs témoignages, parce que l'humanité s'y peint : je puis,
en conséquence des Loix que suivent
les esprits, assurer que la seule Vérité
a pû réunir tant de personnes dont les
intérêts font si divers & les passions
si opposées.

Votre Vicaire ne doute pas qu'il
n'y ait eu un Cyrus, un Alexandre,
un Cicéron ; que ce dernier ne soit
Auteur des Livres qui portent son
nom. S'il veut bien vous rendre com-
pte des motifs qui l'engagent à croire
ces faits, il vous répondra qu'il voit
les hommes réunis dans cette créance. Ceux qui vivoient avant nous,
croyoient la même chose : ainsi, en

remontant juſqu'à Cicéron , juſqu'à
Alexandre , juſqu'à Cyrus ; les Auteurs
qui ont ſuivi de ſiécle en ſiécle , atteſtent ces faits. Qu'oppoſer à une tradition ſi ſuivie, ſi liée, ſi conſtante ? Or,
qu'il y ait eu un Moyſe , Légiſlateur
des Juifs, & auteur du Pentateuque ;
c'eſt un fait appuyé ſur la créance générale de tout un Peuple nombreux ,
qui ſubſiſte encore de nos jours , ſur
le témoignage de tous les Ecrivains de
ce Peuple , tant anciens que modernes ; ſur le conſentement des Hiſtoriens du Paganiſme qui ont eu connoiſſance de la Nation Juive. Diodore
de Sicile , Strabon , Trogue Pom-
pée , Juſtin , Pline , Tacite , Juvénal,
Galien , Longin , tous lui donnent
Moyſe pour Légiſlateur : le fait n'a
jamais été contredit. Joſephe , dans ſa
ſçavante Réponſe à Appion , cite les
premiers Auteurs Phéniciens , Egyp-

tiens, Grecs, comme autant de témoins irréprochables de l'antiquité de sa Nation & de Moyse. Celse, ennemi déclaré du nom Chrétien, n'a pas osé attaquer l'existence de Moyse, ni celle du Pentateuque. Quoi, ce concert de témoignages humains ne prouvera rien, parce que Moyse a opéré des prodiges, & que le Pentateuque en renferme l'histoire!

D'ailleurs, ces prodiges à l'égard desquels les témoignages humains ne suffisent pas, selon vous, sont-ils contradictoires & impossibles à Dieu? n'entrent ils pas naturellement & nécessairement dans le plan d'une révélation divine? On avoue qu'il y auroit de la folie à le croire sans preuve; & si nous étions sûrs d'ailleurs, que ce ne sont que des fables, on auroit raison de se défier du jugement de ceux qui disent les avoir vus. Mais, jusqu'à ce que cela soit décidé, il n'eſt pas permis de dire que les témoins de ces faits ſoient des rê-veurs & des inſenſés, & ne méritent aucune créance : il faudroit en avoir d'autres indices ; il faudroit que tout ce qui accompagne d'ailleurs leur té-moignage, marquât en effet quelque déſordre dans l'eſprit. Suppoſé qu'un homme devienne viſionnaire, il n'eſt pas poſſible que tout ce qu'il enſei-gnera dès-lors, ne porte quelque mar-que de ſon trouble & de ſon déran-gement ; il ſera confus, il ſera outré, il donnera dans des ſuperfluités & dans des écarts inutiles ; ſes idées ſe combattront, & on le trouvera diffé-rent de lui - même à divers égards. Rien de pareil chez les Apôtres, tout marque en eux un ſens raſſis & un eſ-prit qui eſt dans ſon aſſiéte naturelle. Il n'y a proprement d'extraordinaire dans leurs Ecrits, que ces faits mêmes

dont ils difent avoir été les témoins.
Rien de plus naturel que la manière
dont ils en parlent, & que la conduite qu'ils tiennent en conféquence. Ils
rendent témoignage là-deſſus, comme ils le rendroient ſur tout autre
fait. Ils rapportent ces merveilles,
parce qu'il a plû à Dieu de les leur
faire voir. Mais comme ils les ont
yues avec les mêmes facultés naturelles que l'on voit toute autre chofe,
ils les rapportent auſſi ſimplement;
& tout ce qu'ils difent là-deſſus, ne
fent ni la confuſion ni le trouble, &
ne refpire que la vérité.

D'ailleurs, ce merveilleux eſt parfaitement approprié au ſujet, & devient le motif de crédibilité le plus
efficace. L'homme eſt raifonnable, &
depuis le péché, il eſt encore plus
fenfible. Le Miracle eſt un effet extraordinaire qui frappe les fens, &

par les sens la Raison. Quelle force n'a-t-il donc pas pour rendre la Raison attentive, & pour la difpofer au confentement ? Sur-tout un Miracle de guérifon intéreffe une des plus vives inclinations de l'homme, l'amour de la fanté & de la vie. A la vue d'une guérifon réelle & fupérieure aux caufes phyfiques, il ne peut s'empêcher de penfer à un Etre fupérieur, puiffant & bienfaifant.

Il y a des merveilles, dit S. Auguftin, qui ne font propres qu'à exciter une ftérile admiration. Tel eft le fpectacle d'un homme qui s'éleve en haut & qui vole dans les airs : mais il y en a d'autres qui, outre l'admiration, infpirent la bienveillance & la gratitude. Un Malade eft délivré d'un mal défefpéré, à la parole d'un autre homme : combien le reffentiment du bienfait furpaffera-t-il l'admiration du prodige! C'eſt pourquoi Dieu ſe faiſant homme pour l'utilité de l'homme, a voulu établir ſon autorité divine, non par le changement du cours du Soleil, comme l'exige votre Vicaire, mais par des guériſons corporelles, qui puſſent lui concilier l'affection & la confiance de ceux qu'il venoit délivrer de leurs erreurs & de leurs infirmités corporelles (a).

Les Miracles que votre Vicaire cherche inutilement à rabaiſſer, font une prompte & vive impreſſion ſur les ſens, & l'homme aime naturellement le merveilleux : c'eſt un ſentiment gravé dans ſon cœur, qu'un prodige eſt la voix d'un Etre ſupérieur qui nous parle. Avant toute réflexion, le premier mouvement eſt de s'y rendre attentif & de demander ce qu'il ſignifie. Qu'on ne dépriſe point

(a) S. Aug. Deut. c. 16. n. 34.

la valeur des Miracles , par le motif
que le Peuple s'y laisse plus facilement
entraîner : c'est l'éloge du Peuple , &
la preuve qu'il y a moins de malice
que de foiblesse dans son cœur ; qu'il
péche avec moins de réflexion , &
qu'il n'emploie pas sa Raison à faire
taire sa conscience. Heureux qui est
Peuple en ce point, & qui ne cultive
pas son esprit aux dépens des sentimens de Religion qui nous sont restés
après notre ruine !

D'ailleurs , dans tout ce qui se lit
d'extraordinaire & de prodigieux dans
l'Histoire Evangélique , rien n'est inutile ni étranger au sujet : ce sont des
faits liés avec la nature de la doctrine , & qui servent à en appuyer chaque partie d'une manière fort juste &
fort bien proportionnée ; en quoi ils
sont bien différens des fictions bizarres où se jettent les fanatiques. L'or-

dinaire des Fanatiques qui se disent inspirés, est plutôt de faire accroire qu'ils ont des émotions intérieures, des visions, & d'autres prétendus signes d'inspiration qui ne se manifestent point au-dehors. On sent combien il est aisé de se faire illusion à soi-même & aux autres, dans ces sortes de preuves secrettes, où l'imagination peut avoir beaucoup de part : mais il n'en est pas de même des preuves extérieures qui consistent dans une suite de faits visibles & palpables, & dont nos propres sens & les sens d'autrui sont juges, qu'on peut voir distinctement & à plusieurs reprises. Ce genre de preuves n'est point trompeur : car, pour se méprendre & s'égarer totalement là-dessus, il ne suffiroit pas d'être enthousiaste, il faudroit être visionnaire & absolument fou ; ce qui est un excès si rare & si frappant, que dès qu'un homme y tombe, le mal s'indique d'abord par cent traits de folie.

C'est-là sans doute, la raison pourquoi Dieu a voulu que la Foi des Apôtres, d'où la nôtre dépend, ne fût pas seulement fondée sur une inspiration secrette & interne, mais sur des faits extérieurs, subsistans, & faciles à discerner. Il falloit qu'ils vissent Jesus - Christ ressusciter & monter au Ciel ; qu'ils reçussent le Saint. Esprit sous une forme visible, & qu'ils opérassent eux - mêmes des guérisons miraculeuses, afin qu'on ne pût pas les confondre avec les enthousiastes, qui n'ont d'autre preuve que ce qu'ils sentent intérieurement, ou qu'ils croient sentir. On voit qu'il n'y a rien de pareil à craindre pour les Apôtres, puisqu'ils ont pour preuve de leur mission, des signes manifestes qui s'apperçoivent par le canal des fens, le moins fujet à illufion, & le moins équivoque de tous.

Dieu, dit faint Profper, a réglé d'une manière fi fage, les preuves qui devoient nous convaincre de la divinité de fon culte, qu'il n'a pas voulu les commettre toutes à notre Foi; mais il en a foumis un grand nombre au témoignage de nos propres yeux, afin que les hommes, convaincus par les vérités qu'ils voient, ne doutaffent pas de celles qu'on leur ordonne de croire.

Votre Vicaire eft très-ignorant en hiftoire, s'il ne fait pas que dans tous les temps, depuis l'établiffement du Chriftianifme, Dieu a toujours récompenfé la foumiffion de notre Raifon à la Foi, par les preuves les plus fenfibles de la divinité de cette même Foi en conféquence des promeffes de

l'Ancien & du Nouveau Teftament.
Lorfque J. C. ordonne à fes Apôtres
d'annoncer aux hommes une doctrine
contraire à nos paffions & à nos préjugés, il n'exige pas qu'on les en croie
fur leur parole, il les oblige à prouver la puiffance de celui qui les envoie, par les œuvres miraculeufes
qu'il leur ordonne de faire : *Infirmos
curate, leprofos mundate (a)*. Ces prodiges ne pouvoient être que des effets
d'une Puiffance infinie, & l'ouvrage
d'un Dieu. La Providence fe manifefte encore à l'égard de tous ceux
dont la Foi vive & animée devoit perfuader la doctrine de Jefus-Chrift, &
contribuer à la propagation de l'E-
vangile. Leurs Miracles font annon-
cés par Jefus-Chrift, comme ceux de
Jefus-Chrift l'avoient été par les Prophêtes : *Celui qui croit en moi fera*

(a) *Matb.* 10. 8.

les

les œuvres que je fais , & en fera même de plus grandes (a). Ces promesses sont générales, elles ne sont point restraintes aux seuls Apôtres : Jésus - Christ les adresse à tous ceux qui croiront en lui. Il faut un pyrrhonisme aussi absurde que celui du Vicaire Savoyard , & sa haine aveugle contre le Christianisme , pour nier l'existence & la continuation de ces prodiges qui viennent à l'appui de la Religion révélée.

Tertullien & Eusébe nous attestent les Miracles que les Soldats Chrétiens opérèrent dans l'armée de l'Empereur Marc-Aurele. Les Basile, les Grégoire de Nysse , les Jérôme, nous parlent des Miracles de S. Grégoire Thaumaturge, qui vivoit au troisiéme siécle. Nous lisons ceux des Antoine, des Hilaire, des Martin , des Nicolas , dans les Ecrits de S. Athanase & de S. Jérôme. Saint

____
(a) S. Jean, 14. 12.

K

Augustin nous a transmis la mémoire
de ceux qui étoient arrivés de son
temps à Milan & à Carthage ; & S.
Grégoire nous annonce que son siécle avoit été le témoin des merveilles
du Très-haut.

Quoi de moins suspect que le témoignage de ces grands hommes? les
temps, les lieux où ils l'ont rendu &
où ils pouvoient si facilement être
contredits, les mettent au dessus de
la plus sévere critique, & nous for-
cent à les croire, ou il faut révoquer
en doute ce que l'histoire a de plus certain.

Nous voyons tous ces prodiges
bienfaisans opérés dans le sein de la
Société, qui est seule dépositaire du
vrai Culte : nous les voyons opérés
pour établir, confirmer ou défendre
ce que la Religion a de plus sacré,
& ce que l'Eglise a cru dans tous les

temps. Tous concourent évidemment à la santé des corps & à la sanctification des ames.

A ces traits on reconnoît les vrais Miracles, que S. Augustin appelloit des liens chers & précieux, qui l'attachoient à l'Eglise; & sentant plus que jamais ce caractère de divinité qui confirme ma Foi, je dirai à Dieu même: » Si ma Foi est une erreur, » c'est vous qui me trompez, puis- » qu'elle est appuyée sur des prodiges » que vous seul pouviez opérer «.

Les Miracles allégués dans les Sociétés séparées, sont les seuls qui s'opèrent dans les carrefours, dans les chambres, dans les déserts, c'est-à-dire, dans l'obscurité. On n'y reconnut jamais cette simplicité, cette ingénuité qui sont inséparables de la Vérité. Le temps découvrit toujours les détours, la fourberie & l'imposture dans les opérations de ces prétendues merveilles, & la crédulité ou l'intérêt dans ceux qui s'y livroient. Ce qui avoit été annoncé d'abord avec éclat, ne l'eſt plus que dans le ſecret ; &, avec le temps, ceux qui avoient cru ces eſpeces de prodiges, rougiſſent de leur crédulité. Les viſions des Priſ-cilles, les merveilles opérées ſur les tombeaux des Donatiſtes rentrèrent bien-tôt dans la nuit qui les avoit en-fantées ; & les Calviniſtes éclairés, n'oſeroient nous apporter en preuve, les faits prodigieux arrivés dans les Cévennes.

Il n'en eſt pas de même des Mira-cles de Moyſe & de Jeſus-Chriſt. Il eſt conſtant que tous les Miracles rap-portés dans l'ancien Teſtament, étoient ſenſibles, palpables, & même écla-tants, en un mot, tels que vous les déſirez : qu'en conſéquence un nom-

bre infini de témoins oculaires pouvoit s'en affurer ; qu'il étoit impoffible qu'on les adoptât en dupes ; que
pour en perpétuer le fouvenir , des
monumens publics ont été dreffés , &
qu'en action de graces , on a impofé
certains devoirs qui ont été remplis
dès l'époque même des Miracles , &
qu'on a continué de remplir d'année
en année. Tout cela eft clairement
marqué dans les Livres des Juifs :
donc il faut néceffairement que ces
prodiges foient réellement arrivés , &
en conféquence admettre une Religion révélée.

Vous voudriez, vous & votre Vicaire, avoir vû de vos propres yeux toutes
ces merveilles , pour pouvoir les adopter. Mais vos enfans n'auront-ils pas le
même droit que vous , de fommer la
Divinité de faire la même dépenfe de
prodiges ? J'en dis autant de vos arriè-

res neveux. Voilà l'ordre naturel tourné en ordre furnaturel. Il faudra donc des Miracles d'une autre efpèce. Voyez dans quelle abfurdité on fe précipite quand on s'écarte du vrai.

Quant aux Miracles de Jefus-Chrift, ce n'eft pas fur des ouï-dire que les Hiftoriens les ont rapportés : ce font plutôt des témoins qui dépofent ce qu'ils ont vû : *Quod vidimus teftamur (a)*. Ils les ont vus de près & les ont confidérés tout à loifir. Jefus-Chrift a réitéré plufieurs fois les mêmes guérifons ; rien ne fe faifoit myftérieufement ou à l'écart : tout fe paffoit fous les yeux de fes Difciples, fouvent même de la multitude : ces mêmes Difciples, témoins affidus de fes Miracles, difent qu'ils ont eux-mêmes reçu de pareils dons, & qu'ils en ont fait ufage en cent rencontres

(a) S. Jean. 1. 1.

différentes. Comment se tromper sur des choses que l'on fait soi-même ou que l'on voit faire ? Tous les jours on s'infatue d'une fausse opinion ; mais on ne se méprend pas si aisément sur ce qui se découvre au doigt & à l'œil. Nos sens ont plus de certitude ; & à moins que d'avoir le cerveau troublé, il n'arrive pas que l'on voie blanc ce qui est noir, ni que l'on reste dans l'erreur sur des objets extérieurs & visibles. On suit avec peine des faits compliqués, comme le sont, par exemple, certaines expériences de Physique : mais les Miracles rapportés dans l'Evangile, sont d'une telle nature, que le vrai ou le faux en devoit d'abord sauter aux yeux de chaque spectateur.

Les Juifs eux-mêmes ne les ont pas contestés, ces Miracles ; & dans le Talmud, qui est un Recueil de Senrences & d'explications de leurs anciens Rabbins , ils avouent que Jesus-Christ a fait de grands prodiges. Ils les attribuent, tantôt à la force de la magie , tantôt à la vertu que Jesus-Christ avoit de prononcer le Nom de Dieu. Or , rien ne prouve plus qu'un fait est certain , que lorsque ceux qui ont le plus d'intérêt à le nier , ne lui opposent qu'une explication absurde. Celse , le plus grand ennemi de la Religion Chrétienne , est forcé de reconnoître les Miracles de Jesus-Christ , & a recours à la magie pour les expliquer. Il avoue le Miracle de la multiplication des pains , & soutient que c'étoit un repas enchanteur & magique ; donc les conviés se sont nourris de chimères. Rassasier sans alimens cette multitude , étoit un fait plus miraculeux que de la rassasier avec cinq pains.

D'ailleurs, ſi les Miracles de Jeſus-
Chriſt & de ſes Apôtres n'euſſent pas
été vrais, l'Univers ſe ſeroit-il ainſi
métamorphoſé preſque tout d'un coup?
Eſt il croyable qu'un changement ſi
prodigieux ait pu ſe faire avec tant de
rapidité, ſans que les hommes aient
examiné le nouveau Culte qu'on leur
offroit, & les Miracles qui lui ſer-
voient de fondement? Il eſt réſervé à
votre Vicaire de fermer les yeux à tant
de conſidérations victorieuſes, plutôt
que d'admettre la vérité de la Religion révélée.

Votre Vicaire Savoyard croit avoir
ébranlé les fondemens de la Religion
révélée, en nous faiſant entendre qu'il
faut une immenſe érudition pour les
connoître & les aprécier. Il faut, à
l'entendre, être en état d'examiner,
de peſer, de confronter les Prophéties, les révélations, les faits, tous

les monumens de Foi proposés dans
tous les pays du monde, en assigner
les temps, les lieux, les auteurs, les
occasions. On a grand besoin d'une
justesse de critique, pour distinguer
les piéces authentiques de pièces sup-
posées, pour comparer les objections
aux réponses, les traductions aux ori-
ginaux. On doit sçavoir le génie des
Langues originales, connoître toutes
les forces de la Nature, comparer les
preuves des vrais & des faux prodiges, & trouver les régles sûres pour les
discerner. Enfin, que de connoissances rares ne faut-il pas réunir, pour
s'assurer de la vérité de la révélation !

Ce sophisme ne pourroit tout-au-
plus éblouir qu'un Protestant, qui
a secoué le joug de l'autorité de l'E-
glise pour se livrer aux incertitudes
de l'examen & de l'indépendance.
Mais le Chrétien, affermi dans la sou-

miſſion à une autorité divine & infaillible, aura pitié de tout cet étala-
ge de difficultés, que votre Vicaire
multiplie & exagere ſans ombre de
raiſon. Non, il ne faut point une va-
ſte érudition pour s'aſſurer que la Religion révélée exige notre acquieſcement : il ne faut que de l'attention,
un bon eſprit & de la bonne foi. On
n'a nul beſoin de ſçavoir l'Hiſtoire,
les Langues & la Phyſique : tout conſiſte à avoir quelque notion de la valeur des preuves morales, à ſçavoir
raſſembler des indices qui, par leur
réunion, forment une démonſtration
que les eſprits les plus médiocres peuvent entendre.

A-t-on beſoin d'être fort ſçavant,
pour remarquer en ſoi-même & dans
les autres l'effroyable corruption du
cœur de l'homme, ſon injuſtice, ſa
vanité, ſa miſère ? La plus légère tein-

ture d'histoire ne suffit-elle pas pour apprendre que les hommes ayant cherché divers remédes à leurs maladies, n'ont fait que montrer la grandeur de leurs maux & l'impuissance où ils sont de les guérir par leurs forces naturelles? L'esprit le plus borné peut aisément, sans dialectique, conclure que la Religion seule nous fait connoître le reméde à tous ces maux, puisque la Raison seule n'a jamais pû le découvrir. Cette Religion révélée n'apprend-elle point tout-d'un-coup à l'ignorant comme au sçavant l'origine de nos maux, que tous les Philosophes ont inutilement cherchée, en nous instruisant des deux états de l'homme, de son innocence, & de sa chûte? C'est cette divine Religion qui nous a enseigné que la Rédemption de Jesus-Christ & l'application de ses mérites sont l'unique reméde à nos maux. L'homme le plus ignorant n'a nullement befoin de faire de grandes études pour s'affurer que cette Religion eft la plus ancienne de toutes ; qu'elle a toujours été dans le Monde ; qu'elle s'eft confervée dans un Peuple particulier, qui a gardé le Livre qui la contient avec un foin prodigieux. La certitude des Miracles de Moyfe, faits à la vue d'une multitude innombrable d'hommes, faute aux yeux des efprits les plus fuperficiels. Il eft aifé de voir que ces milliers d'hommes n'euffent pas manqué de démentir Moyfe, s'il eut eu la hardieffe de les inventer, & de les écrire dans un Livre le plus injurieux au Peuple Juif, puifqu'il découvre par-tout fes infidélités & fes crimes. Il fuffit de lire les Livres de l'Ancien Teftament, pour y voir par-tout les prédictions de la venue du Sauveur. En effet, toute

la Religion des Juifs confiſtoit à l'attendre & à la figurer. Or les Miracles ſont ſi certains, & il y a des prophéties ſi claires, qu'il n'y a que des
hommes profondément aveugles &
ſtupides qui puiſſent les nier.

Votre Vicaire Savoyard devroit-il
ignorer que toute la Religion Chrétienne ne conſiſte proprement que
dans un ſeul fait à la portée de tous
les hommes ? Il ne s'agit ſimplement
que de ſçavoir ſi Jeſus-Chriſt, qui a
fait tant de Miracles, qui eſt mort
ſur la Croix, eſt véritablement reſſuſcité. Ses Diſciples prouvent la vérité
de ce fait, non-ſeulement par leur témoignage, & par un témoignage una-
nime & conforme, perpétuel & conſtant ; mais ils ſouffrent la mort pour
en ſoutenir la vérité, & font pluſieurs
Miracles au nom & par la vertu de
Jeſus-Chriſt reſſuſcité. Voilà à quoi

ſe réduit en derniere analyſe la queſtion de la vérité de la Religion révélée, qui ne demande nullement toutes les diſcuſſions que vous étalez dans
votre Ouvrage. La Réſurrection de
Jeſus-Chriſt étant vraie, toute la Religion eſt vraie : or, la Réſurrection
eſt auſſi bien démontrée, qu'un fait
hiſtorique le puiſſe être. Il eſt certain
que c'eſt au nom de Jeſus-Chriſt reſſuſcité que les Diſciples guériſſent les
malades, qu'ils reſſuſcitent les morts,
& qu'ils conferent le pouvoir d'opérer ces mêmes merveilles à ceux à qui
ils impoſent les mains. Les Apôtres
ne pouvoient donc être trompés ſur
les Miracles de Jeſus-Chriſt qu'ils a-
voient vûs, puiſqu'ils en faiſoient
eux-mêmes de pareils. Les premiers
Chrétiens ne pouvoient être trompés
ſur ceux des Apôtres, puiſqu'au nom
de Jeſus-Chriſt ils faiſoient des pro-

diges femblables aux leurs. Cette tradition qui s'eft perpétuée dans tous
les fiécles fans interruption , eft un
argument palpable en faveur de la
vérité de la Religion révélée : c'eft
une continuité de faits, dont les derniers renferment & prouvent la certitude des premiers. Il n'eft pas néceffaire d'être Philofophe ni d'avoir
un grand efprit , pour comprendre la
vérité de ces argumens : c'eft affez
d'un peu de fens commun , & il
fuffit de n'être pas infenfé, & dene
point aimer les paradoxes.

La faine raifon nous dit que Dieu
s'étant révélé aux hommes, il l'a dû
faire d'une manière proportionnée à
toutes fortes d'efprits ; puifqu'il a
voulu déclarer fa volonté, non-feulement aux fçavans , mais auffi aux fimples & aux efprits bornés. C'eft faire
outrage à la fageffe & à la bonté de
Dieu ,

Dieu, de prétendre qu'il n'ait mis
dans les Ecritures des marques évidentes qu'il en eſt l'Auteur, que
pour ceux qui auroient beaucoup d'eſprit, & qui ſe livreroient aux diſcuſſions les plus pénibles. Un ſeul de ces
caractères bien médité, bien com-
pris, ſuffit pour perſuader les plus
ſimples de l'inſpiration des ſaints Livres.

L'eſprit le plus médiocre n'a beſoin que d'un peu d'attention, pour
s'aſſurer que les Ecritures réuniſſent
tous les caractères de divinité. Elles
ſont le plus ancien Livre du Monde;
un de ſes principaux Auteurs, Moyſe,
a opéré de grandes merveilles, & a
prophétiſé de loin des événemens qui
ſont venus à point nommé répondre
à la prophétie. Les Légiſlateurs & les
Philoſophes ont puiſé dans ces divines Ecritures, ce qu'il y a de plus ſage
dans leurs Loix & de plus beau dans

leurs Ecrits. Elles nous ont enseigné le meilleur fyftême de Religion qui fût jamais. Elles nous donnent les plus grandes & les plus auguftes idées de Dieu. Leur enfemble forme le plus admirable concert de louange de l'Etre fuprême, que l'efprit humain étoit capable de produire. Il n'eft pas poffible de lire attentivement les Ecritures, fans en fentir la divinité : elles font écrites avec un air de fimplicité & de fincérité, qui ne permet pas de leur refufer fa créance : leur accord eft parfait ; leurs prédictions fe font exactement accomplies. Ces Ecrivains facrés fe font rendu témoignage de leur infpiration, foit en parlant des autres Ecrivains facrés, foit en parlant d'eux-mêmes. La doctrine contenue dans les faintes Ecritures, s'eft répandue promptement dans le monde par des moyens tous divins ; enfin la divinité des Ecritures eft attestée par la Tradition constante de ceux qui les adoptent, & par le témoignage infaillible de l'Eglise, contre lequel on ne peut réclamer.

Quand il y auroit dans cet Ouvrage divin, certaines choses qui passent notre portée, certains dogmes que nous ne saurions comprendre, certaines difficultés dont la solution nous est inconnue, il n'en seroit pas moins certain que la révélation Chrétienne est divine, parce qu'il est évident que Dieu, cet Etre infini dans toutes ses perfections, a des connoissances que nous n'avons point; qu'il est le maître de ne se manifester à nous qu'en partie; qu'il a droit de nous ordonner de croire ce que nous ne comprenons point, & qu'il n'a point voulu que toutes les vérités révélées eussent le même dégré d'évidence, afin d'éprouver notre soumission, & d'augmenter nos mérites par les sacrifices que nous lui faifons de notre efprit & de notre cœur.

La Raifon de votre Vicaire eft bien foible puifqu'elle ne va pas jufqu'à connoître qu'il y a des chofes qui la furpaffent. Il a très-bien foutenu contre les Materialiftes qu'il y a un Dieu, qu'une partie de nous-mêmes eft une fubftance fpirituelle, qu'il y a union de l'ame & du corps. Peut-il fe vanter également de comprendre parfaitement la Nature de ce Dieu, fon Effence & fes Perfections ? A-t-il des idées bien diftinctes de cette union des deux fubftances & de tout ce qui en réfulte ? Si Dieu a mis des barrières dans l'ordre de la Nature, que malgré nos efforts nous ne fçaurions pénétrer ; eft-il étonnant qu'il y en ait dans un ordre fupérieur, où notreintelligence ne peut atteindre ? Avant de vouloir comprendre ce qu'on ne voit pas, on doit commencer à connoître & à comprendre ce qu’on voit. Indépendamment de toute Religion, c’eſt une néceſſité d’admettre dans le ſeul ordre naturel une infinité de myſtères ſur leſquels on diſputera juſqu’à la conſommation des ſiècles, ſans jamais parvenir à la ſolution & au dénouement, quoi qu’on ne puiſſe pas douter de l’exiſtence de ces objets myſtérieux. Telles ſont les queſtions qui regardent le mouvement, la peſanteur, la lumière, les couleurs, une idée claire & complete du *temps* & du *lieu* par une définition exacte & préciſe de l’un & de l’autre.

Votre Vicaire oſe dire que notre Evangile renferme des *choſes qui répugnent à la raiſon*. Mais devroit-il ignorer que la démonſtration de la répugnance ne peut tomber que ſur deux idées connues & qui ſeroient clairement oppoſées ? Or la plupart des objets révélés de la Foi proprement dite, étant eſ-

L iij

fentiellement hors de la fphère des connoiffances naturelles, *argumentum non apparentium* ; on ne peut pas dire que les idées en foient affés connues pour qu'on puiffe en démontrer l'oppofition claire, ou la répugnance.

Il eft certain que nous ne pouvons avoir d'idée claire & diftincte que des chofes qui ne font pas au-deffus de notre raifon, ou qui font de niveau avec la raifon humaine. Mais les dogmes & les myftères de la Foi font au deffus de notre Raifon, ou ne font pas de niveau avec la Raifon : on ne peut démontrer une claire oppofition entre des idées, qu'autant que ces idées font claires & diftinctes par rapport à nous. Or les idées des dogmes & des myftères de la Foi n'étant pas claires & diftinctes par rapport à nous, il eft impoffible de pouvoir affirmer qu'il y ait la moinde répugnance entre

les idées des dogmes & des myſtères
de la Foi.

Ce qui eſt infiniment au - deſſus de
la Raiſon, n'eſt point à la portée de
la Raiſon, & ce qui n'eſt point à ſa
portée ne peut jamais être l'objet de ſes
découvertes. Il en eſt de la lumière
naturelle comme de l'œil. L'œil ne
peut appercevoir des objets qui ſont
hors de la ſphère de ſon activité : de
même la lumière naturelle, la Raiſon,
cet œil, ce flambeau de l'eſprit ne
peut jamais découvrir ce qui eſt au-delà de ſa ſphère : prétendre que l'eſprit
doit trouver de l'évidence dans certains myſtères de la Religion révélée,
c'eſt prétendre qu'il atteigne où il ne
doit & ne peut pas atteindre, & que ces
myſtères eſſentiellement au - deſſus de
la Raiſon ſoient à ſa portée & n'y ſoient
pas : ce qui renferme la contradiction
la plus manifeſte. Il doit ſuffire à ma

L iv

Raison que Dieu les lui a révélés, pour
s'y foumettre & recevoir comme vrai
ce qu'elle ne peut comprendre.

La Foi perd fon caractère effentiel
& n'eft plus qu'une perfuafion humaine quand elle a pour appui nos lumières, notre fageffe, & non l'autorité de
Dieu. Dieu a droit de prefcrire à notre
entendement ce qu'il doit croire, &
à notre volonté ce qu'elle doit aimer.
Nous lui devons l'hommage de notre
cœur par des inclinations conformes à
fes Loix, malgré la répugnance qu'elles
peuvent trouver en nous. Nous lui devons l'hommage de notre efprit, en
croyant des myftères incompréhenfi-
bles à notre Raifon. Pourquoi Dieu fe
cache-t-il, direz-vous, pourquoi n'a-
t-il pas voulu donner aux vérités révélées un plus haut dégré d'évidence ? Ce
n'eft point au néant à demander à l'E-
tre infini & incompréhenfible par ef-

sence le pourquoi de sa conduite. Dieu n'a point voulu que les vérités de la Foi sussent proposées aux hommes avec tant d'évidence, qu'il n'y restât un grand nombre de nuages propres à aveugler les esprits superbes, à servir de piéges aux esprits impurs, & à humilier sous ces ténebres salutaires ceux-même qui la cherchent sincérement. S'il veut découvrir aux uns ses mystères par miséricorde, il veut les cacher aux autres par justice : & comme sa justice ne fait pas moins partie de sa Providence que sa Miséricorde, on peut dire que les ténebres qui couvrent les Mystères sont autant dans l'ordre de Dieu, que les lumières qui les découvrent. Il est vrai qu'avant tout la Raison, comme nous l'avons dit, s'informe de la certitude de la révélation ; car elle veut bien s'aveugler, mais pour Dieu seul. Elle consent à sacrifier

ſes lumières, mais uniquement à celui dont elle les tient.

Votre Vicaire ne devroit pas perdre de vue que la révélation eſt un fait
ou plutôt un ſuite de faits. Or les faits
qui ne nous ſont tranſmis que par tradition ne ſont ſuſceptibles que d'une
démonſtration morale. C'eſt ce genre
de démonſtration que vous affectez de
méconnoître partout dans votre Ouvrage : elle eſt cependant très - propre
de ſa nature à la production de la Foi.
Ce qu'on peut prouver par deux raiſons : la première eſt que cette eſpece
d'évidence eſt capable de faire impreſſion ſur toutes ſortes d'eſprits ; au lieu
qu'il y en a peu qui ſoient en état de
comprendre les démonſtrations Méta-
phyſiques & Mathématiques. D'où il
paroît qu'il étoit digne de la ſageſſe
de Dieu de donner une évidence morale aux vérités révélées , la Foi étant

un devoir qu'il exige, non-feulement des favants & des Philofophes, mais généralement de tous les hommes, fans en excepter les fimples & les ignorants.

Une autre Raifon qui prouve encore que l'évidence morale eft la plus propre de toutes pour accompagner la Foi, c'eft que cette forte d'évidence étant extérieure au fujet, elle rend bien la chofe évidemment croyable; mais elle lui laiffe toujours une certaine obfcurité qui s'accorde très-bien avec la nature de la Foi.

Votre Vicaire devroit favoir que les démonftrations Géométriques, tout évidentes qu'elles font, ne font point les plus propres à convaincre tous les efprits. La plupart feront mieux perfuadés par un grand nombre de probabilités que par une preuve dont la force dépend de l'extrême précifion

& c'eſt une attention de la divine Providence de n'avoir ſoumis à ce dernier genre de preuves que des vérités
qui nous étoient en quelque ſorte in-
différentes , pendant qu'elle nous a
donné les probabilités , pour nous faire connoître celles qui nous étoient
utiles : & il ne faut pas croire que la
ſûreté qu'on acquiert par ce dernier
moyen ſoit inférieure à celle qu'on acquiert par l'autre. Un nombre infini
de probabilités eſt une démonſtration
complette , & pour l'eſprit humain la
plus forte de toutes les démonſtrations.
En effet les preuves de Géométrie ne
font le plus ſouvent qu'ôter la réplique
ſans répandre aucune lumière dans
l'eſprit, & ſans montrer la choſe à découvert ; au lieu que les preuves morales & hiſtoriques & l'aſſemblage des
probabilités la mettent pour ainſi dire
devant les yeux. Elles ſont , comme

nous avons déja dit, plus proportionnées à nos esprits ; nous avons plus de
facilité à nous en servir sûrement
que des principes de Géométrie dont
peu de têtes sont capables : jusques-là
que tout infaillibles qu'ils sont, il arrive quelquefois à des Géomettres de
se tromper dans l'application qu'ils en
font. Si les hommes savent quelque
chose d'assuré, ce sont les faits ; & de
tout ce qui tombe sous leurs connoissances, il n'y a rien où il soit plus difficile de leur imposer. Ainsi dès qu'on
a prouvé que la Religion révélée étoit
inséparablement attachée à des faits
dont la verité ne pouvoit être contes-
tée de bonne foi, le Vicaire Savoyard,
ainsi que tout homme raisonnable, est
obligé indispensablement de se soumettre à tout ce que cette Religion
enseigne.

Si Moyse, par exemple, a été, &

qu'il ait écrit le livre qu'on lui attribue, la Religion Judaïque est véritable, Jesus - Christ est le Messie ; & si Jesus - Christ est le Messie , il faut croire tout ce qu'il a dit.

C'est par ce divin enchaînement des vérités, que Dieu conduit les hommes à la véritable Foi, & qu'ils peuvent faire voir qu'il n'y a rien de plus raisonnable que la soumission qu'ils rendent aux Mystères les plus incompréhensibles, bien loin qu'on les puisse accuser de foiblesse & d'imprudence : & comme ce grand corps de la Religion Chrétienne est composé d'une infinité de parties differentes, qui tendent toutes au même but, & qu'il subsiste depuis six mille ans ; il ne se peut que ce ne soit un enchaînement de vérités infini ; que chaque siécle n'y ait ajouté une nouvelle accumulation de preuves, & que quelque part que l'on

commence, à quelque point qu'on
s'applique on arrive toujours à une
telle abondance de lumière qu'il eſt
impoſſible d'y réſiſter. Mais on eſt
d'autant plus obligé de s'appliquer exactement à la recherche de ces preuves, qu'il n'a pas plû à Dieu qu'elles
conſiſtaſſent dans des principes groſ-
ſiers & palpables qu'on découvrît
tout d'un coup & qui fuſſent vus également de tous les hommes. C'eſt plutôt un amas de circonſtances que tout
le monde ne raſſemble pas, ou n'en-
viſage pas de la même ſorte ; mais qui
ne laiſſent pas néanmoins d'être ſenſibles quand on leur ouvre les yeux, &
de produire, lorſqu'elles ſont réunies,
une certitude, ſi non plus pleine, au
moins plus intime & plus naturelle
que celle qu'on a des démonſtrations
ſpéculatives & abſtraites ; parceque les
voies en ſont plus proportionnées à

l'esprit humain, & qu'il n'y a personne qui n'en trouve en soi les principes.

La plupart des plus grandes certitudes que nous ayons, ne sont fondées que sur un fort petit nombre de preuves qui ne sont pas infaillibles, séparées, & qui pourtant dans certaines circonstances se fortifient tellement par l'addition de l'une à l'autre, qu'il y en a plus qu'il n'en faut pour condamner d'extravagance quiconque y résisteroit, & qu'il n'y a point de démonstration à laquelle on puisse moins résister.

Il résulte donc que dans les matières qui ne sont pas susceptibles de démonstrations Métaphysiques & Géométriques, mais seulement de preuves morales, qu'on tire de la réunion de plusieurs faits, de plusieurs témoignages, de plusieurs préjugés ; c'est pécher contre la droite Raison & l'équité l'équité naturelle que de difcuter féparement chaque fait, chaque témoignage, chaque préjugé, & de les infirmer chacun en particulier par des difficultés fpécieufes, fans vouloir examiner de bonne foi quelle impreffion, quelle conviction refulte du concert de tous les indices qui concourent maintenant à établir la même vérité. C'eft fur tout de ce défaut & de cette omiffion dont le Vicaire Savoyard eft capable. Non-feulement il paffe fous filence plufieurs indices propres à préjuger la divinité de la Religion révélée; mais les circonftances dont il fait mention, il les affoiblit & les examine féparément, & y oppofe des difficultés. C'eft avec cette mauvaife foi que procédent les incrédules de nos jours: ils affectent d'ignorer que la force perfuafive des preuves morales, & de la réunion des indices eft appuyée

M

fur le grand principe de la véracité de Dieu. Quoique nul témoignage humain, pris à part, ne démontre rien, il y a certains concours de témoignages qui donnent une pleine affurance, parcequ'ils ne peuvent fe trouver joints avec la fauffeté, à moins que Dieu par fa Toute puiffance ne les eût réunis pour nous faire une illufion qui feroit l'équivalent du menfonge. Dieu feroit alors la caufe de notre erreur. La caufe univerfelle prendroit la place des caufes particulières que les phénomènes indiquent, & fe cacheroit à plaifir fous un tel voile pour nous tromper. Mais comme une telle suppofition renverfe l'idée de l'Etre parfait, & répugne à celle de fa bonté & de fa fageffe, on doit en conclure qu'on a découvert un fondement folide pour la certitude morale en la réduifant à ce feul principe : C'eft que Dieu n'étant point trompeur, la liaison d'un concours d'apparences qui me frappent avec une cause simple qui les explique & qui peut seule les expliquer, prouve la réalité de cette cause. On peut donc dire que le témoignage humain ne devient infaillible en certaines circonstances, que parceque le témoignage divin l'est nécessairement lui - même.

Pourroit-on de bonne foi renoncer à la force des preuves morales, ne s'en tenir qu'au témoignage de nos yeux, & regarder la génération qui nous a précédés, comme une chimère parceque nous ne la voyons pas? Il est certain que ceux qui font semblant de rejetter la certitude morale, supposent qu'il en puisse exister: pour un fait qu'ils voient de leurs yeux, ils en croient mille qu'ils ne voient pas. Sera-t-il réservé à la Résurrection de Jesus-Christ, d'être un fait incapable de

toutes fortes de preuves, & qu'on ne
pût recevoir que fur le témoignage
de fes propres yeux ? Mais au contraire les argumens que nous avons
de cette vérité, font infiniment plus
forts que tous ceux que l'incrédulité pourroit raifonnablement défirer.
Quand Jefus-Chrift, après qu'il fût
forti du tombeau, auroit converfé
avec les hommes pendant plufieurs
années, pendant quelques fiécles, ne
faudroit-il pas aujourd'hui s'en rapporter à la vérité de l'Hiftoire ? Quand
même il apparoîtroit aujourd'hui en
quelque lieu, ceux qui ne l'auroient
pas vu, feroient les mêmes difficultés ; de forte qu'il faudroit, felon les
principes du Vicaire Savoyard, que
Jefus-Chrift apparût à tous les hommes, en tout temps & en tout lieu.
Peut-on rien imaginer de plus abfur-
de ? Quoi, l'homme qui fe conduit

dans la vie par des conséquences que la raison & la prudence lui dictent, ne sera plus, en fait de Religion, qu'un mauvais sophiste qui cherche à s'éblouir, & qui ne veut croire que ce qui peut frapper ses yeux? Encore, quand Jesus-Christ converseroit avec les hommes, je ne vois pas pourquoi l'incrédulité ne pourroit pas révoquer en doute sa Mort & sa Résurrection. On peut assurer que si on étoit accoutumé à voir un homme immortel, l'incrédulité s'efforceroit enfin d'y trouver des causes naturelles dans la constitution de son corps.

La résolution de ne rien croire fait adopter à nos beaux esprits toutes sortes d'absurdités. Rien n'est plus frappant que le concert des preuves qui attestent la vérité de la Résurrection de Jesus-Christ: eh bien, nos Philosophes se créveront plutôt les yeux & débiteront les sophismes les plus ridicules, plutôt que de faire un bon usage de leur Raison en se soumettant à la force de ces preuves. Qu'on jette un coup d'œil sur les motifs de crédibilité qui accompagnent le témoignage des Apôtres sur la Résurrection de leur Maître, & l'on sera forcé de convenir que ce témoignage est décisif. Les Apôtres publièrent ce grand événement aussi-tôt qu'il fut arrivé : ils le publièrent dans le lieu même où ils disoient que l'événement s'étoit passé : ils en répandirent les premières nouvelles, non dans un coin obscur, mais dans une des Villes les plus grandes & les plus peuplées qu'il y eût alors dans le Monde : ils choisirent pour cela le temps de l'année où il y avoit à Jérusalem le plus grand nombre d'étrangers qui s'y rendoient de toutes parts, & où par

conféquent il y eut plus d'yeux pour
les éclairer : ils ne femerent pas ce
bruit fourdement, mais de la façon
la plus publique & dans les plus nombreux auditoires. Leurs ennemis é-
toient engagés par toutes fortes de
raifons plus fortes les unes que les
autres, à mettre tout en œuvre pour
leur prouver qu'ils étoient des faux
témoins. Ces ennemis eurent tout le
loifir & toutes les occafions de prouver le faux témoignage, fi c'en eût
été un, que celui que les Apôtres ren-
dirent. En effet, il n'y a jamais eu de
dépofition dont l'examen ait été plus
facile. Les Difciples étoient en grand
nombre, & dépofoient tous que Jefus-Chrift reffufcité leur étoit apparu
fouvent pendant plufieurs jours. Il eft
rare que deux faux témoins, interro-
gés féparément, s'accordent en tout,
ou que, confrontés, ils ne fe coupent

point : d'ailleurs, il eſt de l'impoſſi-
bilité la plus abſolue, que cela n'arrive point entre plus de cinq cens
perſonnes qui tremperoient dans le
même complot. Qu'on ſuppoſe pour
un moment que ces cinq cens perſonnes ſe ſoient ſi bien concertées,
que l'on n'eût pu les faire tomber en
contradiction ; les Conducteurs de
la Nation Juive manquoient-ils de
moyens pour démontrer le faux témoignage ? N'avoient - ils pas entre
leurs mains tout le pouvoir néceſſaire
pour faire toutes les perquiſitions,
pour examiner les témoins, & pour
approfondir entièrement le myſtère ?
Jéſus - Chriſt n'étant pas reſſuſcité,
quoi de plus facile que de tirer ſon
corps du ſépulchre, que de le faire
voir à tout le monde, & que de le
dépoſer dans un lieu ſûr, où chacun
pendant quelque tems eût pu le viſiter?

D'ailleurs, que peut-on exiger de plus dans un témoin, qu'une parfaite connoiſſance des faits qu'il atteſte, & un caractère de ſincérité & de droiture irréprochable ? Certainement les Apôtres avoient une connoiſſance parfaite du fait, & leur vie fut ſainte & irrépréhenſible.

Si Jeſus-Chriſt n'étoit point reſſuſcité, ſes Diſciples n'auroient pas cru en lui après ſa mort. Dans cette ſuppoſition, ils n'auroient point eu de raiſon de revenir à la foi de leur Maître, qu'ils avoient abandonné & renié dans ſa diſgrace. Ils ont eu un motif ſuffiſant de croire en lui & d'obéir au commandement qu'il leur fit de prêcher l'Evangile par toute la terre, ſur-tout quand ils ſe virent revêtus du pouvoir d'opérer des Miracles & du don des Langues. Leur doctrine étoit pure : on y exhorte à la pratique de toutes les vertus. Les contradictions apparentes prouvent que les Apôtres n'ont pas écrit de concert : il y a d'ailleurs un rapport exact entre eux sur les principaux faits qu'ils ont écrits d'après la Vérité. Ils ont fixé les temps & les lieux où sont arrivés les faits qu'ils racontent : ils nomment les personnes qui y ont eu part, & qui en ont été les témoins. L'aveu de leurs fautes & de leurs défauts forme une autre preuve de sincérité. La manière dont ils parlent de l'état humble, des souffrances, & de la mort de leur Chef, est marquée au coin de la vérité. Ce ton simple & uni dont ils exposent les plus sublimes & les plus importantes vérités, & dont ils racontent tant de faits merveilleux, n'est pas celui de l'éloquence humaine.

C'est sans raison qu'on se plaint de

ce que les Juifs n'ont pas été tous témoins de la Réfurrection. Jefus-Chrift
fouffrit publiquement à leurs yeux ; &
ils fçavoient fi bien qu'il avoit prédit
qu'il reffufciteroit, qu'ils mirent des
Gardes auprès de fon fépulchre. Chaque Soldat étoit pour eux un témoin
de fa réfurrection, qu'ils avoient eux-
mêmes choifi. Les Apôtres, & un
grand nombre d'autres témoins, leur
attefterent cet événement. Pour confirmer leur témoignage, ils furent
rendu capables d'opérer, & ils opé-
rerent en effet publiquement des Miracles au nom de Jefus-Chrift reffufcité. Que pouvoient exiger de plus les
Juifs ? Leur incrédulité aufli-bien que
celle du Vicaire Savoyard, n'eft-elle
pas évidemment déraifonnable ?

Mais, dira l'Incrédule, la réfurrection d'un mort eft contraire aux loix
de la Nature. Si je la vois de mes pro-

pres yeux, j'ai peine à la croire, &
vous voulez que j'ajoute foi au témoignage d'autrui ? On convient que les
hommes ne croient pas aifément fur
le témoignage d'autrui, les chofes qui
leur paroiffent peu vraifemblables ou
impoffibles : mais ce n'eft pas parce
que ces chofes ne font pas par elles-
mêmes fufceptibles d'aucune preuve.
Cela vient de ce que l'opinion dont
eft prévenu mal-à-propos celui qui
écoute la relation d'un fait, l'emporte
fur la créance que mérite le témoin
qui dépofe. Perfonne ne s'avifera de
dire qu'une chofe ne peut être prouvée, parce qu'elle eft contraire aux
loix & au cours ordinaire de la Nature : car les loix de la Nature font
entièrement indépendantes d'une chofe de fait qu'un homme nous attefte ;
& toutes les fois que nous voyons
nous-mêmes des faits qui contredifent

les notions que nous avons des loix
de la Nature, nous ne laiſſons pas de
les admettre, parce que nous en
croyons nos propres ſens. Quand nous
n'admettons pas de ſemblables faits
ſur le témoignage des autres, c'eſt
parce qu'il nous plaît, ſans ombre de
raiſon, ne pas ajouter foi à leur parole, & non parce que ces faits ne
ſont pas de leur nature ſuſceptibles
de preuves. Eſt-ce qu'un prodige n'eſt
pas un fait qui a les mêmes marques
de vérité que les autres faits ? Les
yeux ne ſont-ils pas également juges
compétents des faits extraordinaires,
comme des faits purement naturels ?
Il eſt évident que la réſurrection d'un
mort n'eſt pas plus impoſſible, qu'il
l'eſt qu'une multitude d'hommes
croit voir & toucher ce qu'elle ne
voit & ne touche point. L'Incrédule
oſera-t-il dire, que dans la Nature,

il n'y a pas des loix pour les sens ? Et s'il y en a, comme on n'en peut douter, n'en est-ce point une pour la vue de voir un objet qui est à portée d'être vû ? On dit que la vue est un sens superficiel ; aussi ne l'emploie-t-on que pour la superficie des choses, qui seule suffit pour les faire distinguer. Mais si à la vue & à l'ouïe nous joignons le toucher, pouvons-nous craindre de nous tromper ? Ne faudroit-il pas pour cela renverser les loix de la Nature relatives à ce sens ? Un homme ressuscité est donc aussi-bien un objet des sens, & peut donner d'aussi bonnes preuves qu'il vit, qu'aucun autre homme du monde : ainsi la résurrection d'un mort, considérée simplement comme un fait à prouver par le témoignage, est une chose dont on peut facilement s'assurer : elle ne demande d'autre habileté dans les témoins, sinon qu'ils sachent distinguer un homme mort d'avec un homme vivant. La certitude qui vient à l'homme par le concours des différens rapports de ses sens, est en effet celle dont une constante expérience lui apprend à ne se pas défier : il n'y résiste que par un abus visible de sa liberté, & en oubliant sa façon d'agir en toute autre chose.

L'unique régle pour les faits prodigieux, comme pour les autres, est donc de les croire quand ils sont bien prouvés : tout ce qu'on peut exiger, c'est que les preuves soient d'autant plus convainquantes, que les faits sont plus merveilleux. Nous n'avons point pour cela droit de mépriser les récits étonnants de qui que ce soit, qu'autant que nous le pouvons convaincre d'imposture ou d'ignorance sur l'objet de son récit. Voilà les régles que le bon sens dicte à tout homme raisonnable. Il faut donc conclure, que la Résurrection de Jesus-Christ, soit comme miracle, soit comme fait attesté, ne peut être niée que par des impies de mauvaise foi. Mais notre Savoyard ose assurer que nos Miracles, faits pour prouver notre doctrine, ayant eux - mêmes besoin d'être prouvés, ne peuvent servir de rien, & qu'il valoit autant n'en point faire. Il n'est pas étonnant que les impies emploient toute la subtilité de leur esprit pour détruire, s'ils le pouvoient, l'autorité des Miracles. Ils sentent bien qu'un Miracle l'emporte sur tous les sophismes qu'ils peuvent faire, & que c'est une voix éloquente qui se fait entendre à tout le monde. Jamais ils ne réussiront à étouffer cette voix qui a formé les premiers Chrétiens, qui les perpétue, & qui saura

bien

bien les multiplier. Les Miracles, quand ils font clairs, fe prouvent eux-mêmes, & la Vérité fe prouve par les Miracles. Les Miracles contiennent en eux-mêmes le motif qui perfuade, & ils font le motif qui perfuade la Foi. Dans l'analyfe de la Religion, la Raifon me conduit avec le flambeau des Miracles, jufqu'à la certitude de la révélation : en un mot, les Miracles portent néceffairement avec eux le caractère de la vérité & de la divinité : lorfqu'ils font certains, il ne faut point d'autres preuves. Les Miracles font à la portée commune de tous les hommes. Ce font des faits qu'il eft facile de difcuter : s'ils font foumis au tribunal de la Raifon, ils ne le font pas moins à celui des fens. Nous avons des principes fûrs pour les difcerner, & d'infaillibles régles pour nous affurer de leur certitude. Ils nous font accordés pour être des fondemens de créance & des préfervatifs contre l'erreur.

On ne peut contefter la vérité de la Religion révélée, dès que les faits qui lui fervent de fondement font indubitables : autrement Dieu ne feroit plus jufte, ni faint, ni le protecteur de fa créature : il laifferoit à l'erreur le pouvoir de la tromper, & lui-même, abufant de fa puiffance, permettroit ou feroit des prodiges en faveur du menfonge. Or, les Miracles, & en général tous les faits de l'Evangile, font au-deffus du doute : ils font démontrés poffibles : ils font atteftés par des Auteurs contemporains & fincères : ils ont été publics : ils font liés à des événemens poftérieurs & inconteftables : ils ont eu l'aveu des plus fiers ennemis de la Foi : ils font venus jufqu'à nous fans altération. Les caractères des contradicteurs &

des partifans de ces faits lui font avantageux. Les premiers les nient, parce qu'ils ne les ont point vus, ce qui eft un mauvais raifonnement ; ou bien ils prennent le parti, comme ont fait les Juifs Talmudiftes & les Payens, d'attribuer les faits à fupercherie ou à opération magique. C'eft une voie qui n'éclaircit rien. Mais les partifans de l'Evangile ont dit : J'ai vu, touché, entendu ; ou bien, j'ai les témoignages de ceux qui ont entendu, touché & vu. C'eft la voie qui éclaircit tout. Les faits de la plûpart des Hiftoires font indépendants ; & la vérité de l'un n'emporte pas communément la réalité de l'autre : au lieu qu'avoir vu la réfurrection de Lazare, après quatre jours de fépulture, c'étoit autant que d'avoir vu celle de Jefus-Chrift. Les œuvres des Difciples tenoient lieu de celles du Maître. Les faits poftérieurs remplaçoient les précédents : ces œuvres ayant de plus été réitérées fréquemment en différens temps & en plufieurs lieux, il y avoit une facilité infinie à s'inftruire par fes yeux & par le concours des rapports d'autrui. Tout fe réunit donc pour prouver la vérité des Miracles qui viennent à l'appui de la révélation.

Plus on confulte la Raifon, plus on voit que le Miracle n'eft pas moins néceffaire que la Religion elle-même. Dieu fait tout pour fa gloire : donc il ne peut créer des intelligences, que pour en être connu & aimé : donc c'eft un devoir indifpenfable pour elles, de lui rendre cet hommage : donc, fi elles font unies à des corps, le principal ufage qu'elles en doivent faire, eft de les affocier à leur culte, en manifeftant par eux les fentimens d'adoration dont elles font pénétrées :

donc , fi elles compofent une Société ,
elles doivent fe porter mutuellement
à rendre le même culte par les mêmes fignes extérieurs. Mais , qui les
réunira ? & quand elles feroient réunies , qui les affurera que leur culte
eft agréable ? Il eft donc néceffaire
que Dieu faffe entendre fa voix ; l'infpiration des mêmes penfées , des mêmes fentimens , des mêmes amours ,
des mêmes mouvements , feroit un
Miracle au-deffus de tous les Miracles. Il veut faire entendre fa voix ,
il s'agit de la difcerner : le Miracle
eft le caractère diftinctif. Mais à quelles marques ferai-je forcé de reconnoître le Miracle divin ? Voici la régle qui a conduit tous les hommes
depuis le commencement du monde
jufqu'aux Apôtres , & qui fe préfente
comme d'elle-même à l'efprit de tout
homme raifonnable.

N iij

Tout Miracle, opéré au nom de Dieu créateur du ciel & de la terre, eſt un ſigne infaillible de la Vérité, ou une œuvre du Tout-puiſſant opérant par lui-même.

La plus légère attention à l'idée de la Divinité, ſuffit pour ſentir la vérité de cette régle. Il eſt ſouverainement vrai, bon, ſaint, ſage, le Dieu dont nous portons l'idée dans nos cœurs. Or, un Miracle opéré au nom de Dieu, créateur du ciel & de la terre, pour confirmer le menſonge, eſt incompatible avec cette idée : la Vérité ſuprême ne peut m'induire en erreur : or un Miracle operé au nom de Dieu, qui n'eſt pas un ſigne infaillible de vérité, ne me laiſſe aucune reſſource contre l'erreur : un Miracle arrache mon conſentement ; en le ſuſpendant, j'abuſe de ma liberté : or je ne puis concevoir de raiſons à oppo-

ser à un Miracle opéré au nom de
Dieu. Supposera-t-on que peut-être
il agit à l'occasion des désirs d'un sé-
ducteur ! Mais alors Dieu prêteroit
son nom à l'ennemi des hommes pour
les tromper : que devient sa bonté ?
Alors il déploieroit sa puissance pour
rendre son nom témoin du mensonge : où est sa sainteté ? Alors il s'ôte-
roit l'unique moyen extérieur de convaincre un esprit droit & raisonnable : car un Miracle contradictoire ,
opéré au même Nom , deviendra un
jeu : où est la sagesse ? La régle est
simple , à la portée d'un enfant ; elle
est évidente : pour la méconnoître ,
il faudroit être d'une ignorance stu-
pide : pour s'y refuser , il faudroit
faire violence aux cris de l'ame naturellement Chrétienne. Ce sentiment ,
que lorsqu'on s'adresse à Dieu & qu'on
est exaucé , c'est lui qui exauce, & non

un autre, eſt tellement gravé dans le cœur de tous les hommes, qu'il n'y en a point qui ne regardât comme un blaſphême, de dire que c'eſt peut-être le Démon de qui on reçoit ce qu'on demande à Dieu. Ainſi, rien de plus ſimple que la Théologie des Miracles. Jugez par cette régle des Miracles de Moyſe & de Jeſus-Chriſt: ils portent viſiblement le caractère d'être opérés au nom de Dieu, créateur du ciel & de la terre. Il m'eſt impoſſible de douter que ces Miracles ne ſoient des œuvres de Dieu agiſſant par lui-même : donc la Religion établie par Moyſe, eſt divine : donc Jeſus-Chriſt eſt Dieu. La même régle peut ſervir également depuis Jeſus-Chriſt pour juger des Miracles. Deux courtes obſervations ſuffiſent pour le prouver.

Si Jeſus-Chriſt eſt Dieu, le meilleur ufage que je puiffe faire de ma Raifon, c'eft de l'écouter, de lui facrifier toutes mes lumières, ou plutôt de les recevoir de lui : que m'apprend-il ? que toute puiffance lui a été donnée dans le ciel & fur la terre : donc c'eft lui qui opere les Miracles.

Dieu m'a donné une idée de lui-même, mais très-imparfaite, parce que je fuis moi-même très-imparfait : il eft maître d'ajouter à cette idée : il peut fe manifefter à moi plus parfaitement, me révéler des profondeurs de fa Nature qui me font inconnues : fi, par une bonté inefpérée, il me traite ainfi, je me conformerai à fes lumières dans tous les jugemens que je porterai de lui. Je l'adorerai tel qu'il s'eft fait connoître à moi, & de la manière qu'il m'aura prefcrit : je me croirois infenfé, fi je refufois fa lumière pour ne m'en rapporter qu'à

mon idée : si ma folie alloit jusques-
là , Dieu ne doit plus prendre d'intérêt à mon culte , que pour le condamner : c'est un Dieu que j'imagine , un
Dieu de fantaisie que j'honore selon
mon caprice. Or Jesus-Christ m'enseigne qu'il est Dieu , que son Père
est Dieu , que le Saint-Esprit est Dieu.
Il me découvre trois Personnes en
Dieu : il m'instruit que c'est par le Fils
qui est la seconde , qu'on glorifie
le Père ; que par Jesus-Christ seul ,
on peut avoir accès auprès de Dieu.
Après ces observations , voici la régle que doivent suivre les hommes
depuis Jesus-Christ jusqu'à la fin du
monde pour le discernement des Miracles. Dans le fond , elle est la même
que la première , puisque Jesus-Christ
est Dieu.

Tout Miracle opéré au nom de Jesus-Christ , est une preuve infaillible

de vérité. Cette régle nous eſt donnée par Jeſus - Chriſt : *Celui qui fait des Miracles en mon nom, ne peut à l'heure même mal parler de moi (a).* Cette circonſtance eſt jointe à tous les Miracles : elle décide pour les plus petits comme pour les plus grands : elle ne ſouffre point d'exception : elle ne dépend d'aucun autre examen que de celui du fait ; ſçavoir, ſi c'eſt à Dieu ſeul, ou à Jeſus-Chriſt qu'on a eu recours, ſoit qu'on ſe ſoit adreſſé à lui immédiatement, ou à quelqu'un de ſes ſerviteurs qu'on croyoit plus digne d'être écouté. Il eſt impoſſible qu'un homme, à l'invocation du nom de Jeſus-Chriſt, faſſe des Miracles pour autoriſer le menſonge : il faudroit que Jeſus - Chriſt abandonnât ſon Nom ſacré, qui perce les Démons d'effroi & d'horreur, à leur diſpoſition : il

(a) Marc. 9, v. 38.

faudroit qu'il fît servir à la perte des hommes, ce Nom salutaire par lequel seul l'homme est sauvé : il faudroit qu'il rendît témoin du mensonge & de l'erreur, ce Nom de lumière & de vérité : en un mot, il n'est pas possible que Dieu fasse un Miracle à l'occasion des désirs du Démon, lorsque son Nom est invoqué : donc il n'est pas possible qu'à l'invocation du Nom de Jesus - Christ , il fasse un Miracle à l'occasion des désirs du Démon.

Ainsi le faiseur de Miracles agit-il au nom de Jesus-Christ ? c'est se révolter contre la Raison , que d'hésiter un moment à se rendre. Pierre dit à un boiteux : Levez - vous au nom de Jesus Christ ; le boiteux se léve ; Pierre parle en conséquence, on l'écoute avec respect & soumission. Des ennemis de Jesus-Christ font des prodiges apparents, ils ne m'émeuvent point; ils n'agiſſent pas au nom de Jeſus-Chriſt. Dans le ſein de l'Egliſe il s'éléve des diſputes. Je ne crains pas que l'ennemi de la Vérité s'autoriſe au nom de Jeſus-Chriſt; s'il produit des effets extraordinaires, je m'attacherai à celui qui opérera des merveilles, dont l'invocation de Jeſus-Chriſt ſera le principe. Je m'adreſſe à Jeſus-Chriſt par l'interceſſion d'un de mes frères, dont je crois la mort précieuſe aux yeux de Dieu; j'obtiens ma guériſon; je me ſens entraîné à rendre graces à Jeſus-Chriſt, & de ma guériſon, & des dons qu'il a couronnés dans ſon ſerviteur. Je ne puis avoir une plus grande certitude de la ſainteté & de la gloire d'un homme mort.

Voilà des réflexions ſimples, qui auroient dû diriger le Vicaire Savoyard dans ſa profeſſion de Foi, &

l'empêcher de s'éblouir de ses sophif-
mes & de son éloquence. Il a cherché
à obscurcir la lumière des Miracles ;
il a supposé que nous prétendions que
le Démon les imitoit quelquefois ; &
il s'imagine par-là , que nous avons
nous-mêmes compromis l'autorité des
Miracles. Tous les Théologiens Ca-
tholiques soutiennent qu'on ne peut
supposer qu'il se fait des prodiges pour
établir le mensonge , sans supposer
en même-temps que Dieu fournit des
moyens pour découvrir que le père du
mensonge est auteur de ces prodiges ,
& que ce sont des opérations diaboliques. Si les Magiciens de Pharaon
font des choses étonnantes , Moyse
les fait oublier par la sagesse , la justice des merveilles bien plus grandes.
La véracité de Dieu non plus que sa
bonté ne permettent pas qu'il garde le
silence , quand le mensonge se cou-

vrant des livrées de la Vérité, brigue
un hommage que Dieu ordonne de
rendre à la Vérité seule. Dieu ne se
dépouillera jamais du droit de prefcrire aux hommes d'adopter les vérités qu'il lui plaît de leur révéler. Il n'a
cependant d'autre moyen pour les y
obliger, que les Miracles. Il n'est
donc pas contraire à sa bonté, qu'il
s'en fasse pour le mensonge de faux &
d'apparents : il est contraire à sa bonté & à ses autres perfections, de ne
pas en opposer de plus grands en faveur de la Vérité. Un Dieu dont la
Providence veille sur l'Univers, ne
peut nous laisser dans l'incertitude
si c'est lui qui nous parle & qui nous
prescrit la créance de certaines vérités,
ou si quelque Etre plein de malice se
joue de nous.

Le Démon, ou quelque imposteur
que ce soit, revêtu de la puissance,

ou ne pourra jamais faire de Miracles pour autorifer l'erreur, ou s'il fembloit en faire, Dieu en fera toujours de plus grands pour les décréditer & pour empêcher la féduction ; enforte que les opérations extraordinaires de l'impofteur ne ferviront qu'à faire éclater davantage la puiffance de Dieu & à donner aux véritables Miracles un dégré de force fupérieur à celui qu'ils auroient eu fans cette contradiction. Ainfi, quelque grand que l'on fuppofe que foit le pouvoir du Démon, il faut qu'il porte des caractères qui empêchent qu'on ne le confonde avec celui de l'Auteur de la Nature, & qui le refferrent dans les bornes des caufes particulières. D'ailleurs, fi le Démon fait des chofes extraordinaires, il ne les fait qu'en faveur de ceux qui l'invoquent, qui s'adreffent à lui, qui ont commerce avec lui ;

lui ; il ne les fait qu'en vertu d'un pa-
cte exprès ou tacite fait avec lui, en
conséquence des maléfices, des sorts
& des pratiques superstitieuses. Il est
inoui, qu'on ait jamais attribué au
Démon des guérisons accordées à
ceux qui les demandoient à Dieu, &
qui ne comptoient que sur sa puissance & sur sa bonté pour les obtenir ;
& l'on doit établir, comme un principe inviolable, que dans les prodiges diaboliques, il y aura toûjours des
caractères évidemment & notoire-
ment mauvais, qui étant liés essen-
tiellement au prodige, formeront une
lumière plus claire en soi, que le prodige le plus extraordinaire.

Notre Vicaire a beau vouloir faire
entendre que le Démon, dans notre
système, imite les Miracles de la
Divinité. Ce n'est tout au plus qu'un
mauvais Singe qui n'éblouit que ceux

qui cherchent à être trompés. A-t-on jamais pû faire, par exemple, aucune comparaison, comme l'obferve judicieufement l'Auteur du Spectacle de la Nature, entre les Miracles de la Miffion Evangélique, & les opérations, foit de la Magie, foit de la théurgie, qui ne différoient que de nom.

Ici on ne trouvoit qu'un tas de fables bizarres, qui n'avoient ni aucun but raifonnable, ni aucun lien. Un tas de merveilles adoptées par la crainte, accréditées par la fuperftition, mifes à profit par l'avarice, débitées par la charlatanerie : ce qu'on rapportoit de la force des enchantements & de l'opération des génies, fe paffoit dans les ténebres ; rien n'étoit ni ne pouvoit être examiné, moins encore approfondi ; tout le réel de la magie fe réduifoit communément à des ma-

léfices & à des empoifonnemens. Pour
punir des ames pleines d'orgueil & de
paffions ; Dieu paroît avoir quelquefois permis qu'elles fuffent frappées ,
ou de la vue d'un fpectre , ou d'une
apparence d'accompliffement de quelque prédiction : mais ce que les Démons ont pu mettre du leur dans tout
ce qui fe nomme *fcience occulte* , n'a
jamais formé rien de fuivi ; tout y eft
borné , plein d'équivoques, d'impuif-
fance & de menfonge : tout y eft plein
de rufes , d'impureté , de péritelfe ,
de cruauté ; & ce qu'on ne fauroit
trop remarquer , c'eft que ces œuvres
n'établiffent rien de conftant ; la puiffance magique invoquée en Afie , ne
fe mettant aucunement en peine de
celle qui opère en Europe. Il ne faut
pas une Mer pour dérober à un Génie
la connoiffance de ce qu'un autre affure ; une muraille fuffit pour mettre

deux Démons en défordre, ou deux fourbes en contradiction.

Les œuvres de Jefus-Chrift & celles de fes Difciples difperfés par-tout, avoient une même fin, & montroient un Auteur qui ne fe démentoit point, toujours également puiffant & bienfaifant. Ce qui fe difoit, ce qui s'opéroit de miraculeux en Afie & en Europe, tendoit également à la fanctification des cœurs & à la gloire de Dieu par les mêmes vérités. Les maladies des corps n'étoient guéries que pour convaincre les efprits des intentions de celui qui étoit annoncé comme le deftructeur du péché & de la mort.

Tout fe paffoit à découvert : fi les Chrétiens cherchoient quelquefois les ténebres, c'étoit ou pour prier en filence, ou pour fe fouftraire à la perfécution. Mais les Miracles de l'Evangile s'opéroient fous le Soleil & dans les places publiques : chacun en étoit juge ; & comme les Chrétiens, fans concert & en une infinité de lieux tout à la fois, rapportoient ce qu'ils avoient appris par leurs yeux & touché de leurs mains, leur témoignage ne pouvoit raisonnablement fe recufer.

Ainfi ces guérifons étant fi diftinguées des preftiges de la magie par leur décence, par leur publicité & par leur réalité palpable, elles ont toujours eu le double avantage d'incliner les cœurs à la vertu, & de prouver puiffamment la même vérité. Faut-il s'étonner après cela, fi les petits ont vu clair, tandis qu'une fauffe fcience, comme celle du Vicaire, aveugloit les grands & les fçavans.

La faine Philofophie nous conduit à croire fermement que les œuvres de

Dieu ne peuvent être équivoques. Or elles le feroient, & les hommes n'auroient plus de régle fixe pour fe conduire, fi le Démon pouvoit tellement imiter les merveilles de Dieu, qu'on ne pût reconnoître la fauffeté des prétendus Miracles de cet Efprit impofteur. Nous ne fommes plus, ni dans les temps où le Démon régnoit fans contradiction, ni dans les Sociétés où il exerce un plein empire. Jefus-Chrift eft venu pour détruire les œuvres de Satan : cet Efprit ambitieux eft tombé du Ciel ; ce fort armé a été dépouillé par un vainqueur bien plus fort. Il peut bien fe gliffer dans le Paradis terreftre ; mais il n'y peut paroître qu'avec la figure du Serpent. Les Démons font dans l'Eglife, comme les voleurs dans une République, où les Loix leur font contraires ; ou comme des ennemis dans un Etat étranger. Ils n'y font point ce qu'ils veulent, & leur pouvoir eſt limité. Mais que font-ils, les voleurs & les ennemis? Quand ils peuvent agir, ils ne font que du mal : il en eſt de même du Démon ; il ne fait que du mal ; il eſt tout au plus l'exécuteur de la juſtice de Dieu. Il ne peut paſſer l'ordre de Dieu, comme parmi les hommes, l'Exécuteur de la Juſtice ne peut paſſer la Sentence du Juge. Dans un Etat bien réglé, un miſérable Exécuteur de la Juſtice n'eſt pas le diſtributeur des graces du Prince. Non-ſeulement il eſt de la grandeur de Dieu, de ne pas permettre que ſon ennemi faſſe des Miracles bienfaiſants ; mais ſa bonté l'exige auſſi, de peur que les hommes, pour jouir d'un bien auſſi précieux que la ſanté, ne fuſſent tentés de recourir à l'ennemi de Dieu & de leur ſalut. C'eſt le caractère des œuvres de Dieu, de faire du bien aux hommes : c'eft ce qui diftingue les Miracles de notre Seigneur Jefus-Chrift : *Pertranfiit benefaciendo.* Toute guérifon furnaturelle étant un bienfait, porte avec foi un préjugé de divinité : auffi ne voit-on dans l'Ecriture nul veftige de guérifon furnaturelle & de Miracle bienfaifant, qu'on puiffe attribuer au Démon : ceux mêmes qui l'invoquent, ne peuvent obtenir aucune guérifon. En effet, les Ifraélites ayant eu le malheur d'abandonner le Culte du vrai Dieu, & de fe confacrer aux Démons, dont ils ne pouvoient attendre aucun fecours, le Seigneur leur reproche en ces termes leur ingratitude : *Où font leurs Dieux en qui ils avoient mis leur confiance (a), lorfqu'ils mangeoient de la graiffe des victimes qu'on leur offroit,*

————

(a) Deuter. 22. 37. 38.

& bûvoient du vin de leurs sacrifices !
qu'ils viennent présentement vous se-
courir, & qu'ils vous protegent dans
l'extrêmité où vous êtes. Jérémie écrit
une Lettre aux captifs de Babylone,
pour leur faire voir qu'on ne doit attendre des Démons aucune guérison ni
aucun bienfait. Vous voyez donc que
les divines Ecritures réclament contre
le système de certains Théologiens
modernes qui ont accordé aux Démons
un pouvoir extraordinaire qui n'a presque point de bornes.

Il ne devroit jamais être question
de ce que le Démon peut ou ne peut
pas faire absolument ; & en faisant
abstraction des circonstances, il est
certain que le Démon ne peut faire
que ce que Dieu lui permet : mais il
ne lui permet pas, & il n'y a point
d'exemple qu'il lui ait permis de faire
des prodiges dans les choses obscures

& conteſtées qui regardent la Religion. Le Démon peut faire deſcendre
le feu du Ciel : il l'a fait deſcendre ſur
les troupeaux de Job. Etoit-il plus difficile de faire deſcendre le feu du ciel
ſur la victime des Prêtres de Baal ?
Cela n'étoit pas plus difficile en ſoi ,
cela même étoit plus facile , eu égard
à quelques circonſtances. Les Prêtres
de Baal étoient les Miniſtres du Démon , & il n'avoit aucun droit ſur Job
qui étoit un Saint , qu'autant que Dieu
le lui accordoit pour un temps : mais
il y avoit une circonſtance eſſentielle
qui ne permettoit pas que le Démon
eût le pouvoir de faire deſcendre le
feu du Ciel ſur l'holocauſte des Prêtres de Baal ; c'eſt que ce prodige auroit ſéduit ou entretenu dans la ſéduction une grande partie du Peuple de
Dieu ; parce que le Prophête Elie
avoit établi ce prodige comme une

marque diſtinctive entre la vraie & la fauſſe Religion. Ce n'étoit pas une choſe obſcure en ſoi, mais elle l'étoit devenue pour un Peuple groſſier & féduit. Vous voyez donc que cet ennemi du genre-humain eſt toujours & par-tout ſous la main de Dieu, étant comme lié & enchaîné par ſa volonté toute-puiſſante pour ne faire que ce qu'il lui permet, ſuivant ſes deſſeins adorables. Il n'a que le déſir de nuire, & ce déſir ſeroit toujours impuiſſant, ſi Dieu, ſans prendre part à ſon injuſtice, n'en régloit les effets ſelon les vûes de juſtice & de miſéricorde qu'il a ſur les hommes. La haine & l'envie de cet eſprit de malice contre les ſerviteurs de Dieu, n'ont pas de bornes : mais Dieu met telles bornes que bon lui ſemble au pouvoir qu'il lui accorde ſur eux.

Si notre Savoyard avoit bien voulu

étudier la Tradition fur ce point comme fur les autres, fon Scepticifme lui auroit paru une vraie folie. Il y auroit vu que le Démon, loin de pouvoir imiter les œuvres du Tout-puiffant, ne peut faire que des prodiges de deux efpèces : 1°. Des prodiges faux & trompeurs, *figna & prodigia menda-cia*, fuivant l'expreffion de S. Paul : 2°. ou des prodiges dont la caufe peut fe trouver dans la nature, tel que le feu dont il eft parlé dans l'Apocalypfe. Les hommes, fans miracle, peuvent faire du feu fur la terre en le tirant d'un caillou ou autrement ; de même le Démon qui fait que le feu fe trouve diftribué par-tout d'un bout de la terre à l'autre, mais plus abondant dans un endroit, moins agiffant dans un autre, faura bien ramaffer une quantité fuffifante de particules de ce fluide prodigieufement élaftique

pour en faire un affez grand feu qui
manifeftera fa préfence à proportion
de fa quantité & de fon accélération.
Les hommes ne fçavent-ils pas, par
le moyen des miroirs ardents, réunir les rayons du Soleil dans un foyer
qui ne contient qu'un très-petit efpa-
ce ; & par cette réunion, qui aug-
mente beaucoup leur force, bruler &
fondre ce qu'on expofe au point de
leur réunion : en un mot, le Démon
ne peut rien faire au-delà de ce qui
peut être opéré par la vertu des caufes naturelles : ainfi, quand il n'y a
nulle caufe naturelle que le Démon
puiffe mettre en œuvre pour produire
certains effets extraordinaires, alors ces
effets portent l'empreinte de la Divinité ; & nous avons affez de lumière,
pour juger que le Démon ne peut produire tels & tels effets, parce qu'il
nous eft évident qu'ils font fupérieurs

à toute vertu des causes naturelles.
C'est un principe que saint Thomas a
recueilli de la Tradition, & sur-tout
de S. Augustin ; que les esprits créés
ne peuvent opérer un Miracle proprement dit, c'est-à-dire, un effet supé-
rieur *à l'ordre de toute nature créée* ;
que la matière ne leur est pas tellement soumise, qu'ils puissent à leur
gré la changer d'une forme en une
autre. Alphonse Tostat, Evêque d'A-
vila, dit fort bien, que tout ce que
les Esprits de nature Angélique ope-
rent parmi nous sur les choses corporelles, n'est que naturel : car ils n'ont
point dans eux-mêmes le pouvoir de
rien changer dans ces choses, & ils ne
peuvent être en elles le principe d'aucun
effet, que par l'application des causes
actives & naturelles, capables de le
produire sur des corps naturellement
disposés à recevoir cette impression.

Mais, dira-t-on, on convient que l'action des efprits fur la matière, n'émane point d'une vertu, d'une force, d'une faculté qui foit intrinfeque & inhérente à la fubftance fpirituelle; elle ne confifte qu'en ce que Dieu ayant deffein de lier toutes les parties de fon ouvrage, eft déterminé à remuer tel corps & de telle manière, par la volonté de l'Ange, du Démon, de l'Ame humaine. Nul Etre créé, en bonne Philofophie, ne trouve en fon propre fond une vertu efficace d'agir hors de foi fur un être étranger, bien moins encore deux Etres de nature auffi différente que l'efprit & le corps? Mais fi les Intelligences créées ne peuvent, par leur propre vertu, mouvoir un atôme; mais, comme caufes occafionnelles, elles peuvent détermi-ner le moteur fuprême, l'agent uni-verfel, aux effets les plus extraordi-

haires : & pourquoi pas à des guérifons miraculeufes ? Dès-lors, avec
les prodiges les mieux atteſtés, nous
ne fommes pas beaucoup avancés, &
les Miracles divins ne peuvent rien.
Qu'il eſt dangereux de fe livrer, fur
cette matière, aux idées d'une Méta-
phyſique fubtile; laquelle fur le principe que les Etres créés ne font que
caufes occaſionnelles des effets, ne
fçait plus où borner l'activité des caufes fecondes. Qu'il eſt facile de fe perdre dans un vague indéfini : car je
dirai à mon tour, fi les efprits créés
peuvent être les caufes phyſiques occaſionnelles de toutes fortes de guérifons ? pourquoi pas de la réfurrection
d'un mort ; & pour aller plus loin,
pourquoi pas de la production d'un
million de nouveaux aſtres, de la
transformation de la matière en mille
nouvelles efpèces de corps inconnus ?
pourquoi

pourquoi pas de la création d'un nouveau Monde ? Rien de tout cela ne
répugne métaphyfiquement ; & il n'y
a plus de point fixe pour borner l'activité des caufes fecondes.

Ces fpéculations dangereufes doivent céder à certains jugemens naturels, qui fe trouvant dans tous les
hommes, ne peuvent être que l'empreinte de notre Auteur. Or, tous les
hommes jugent naturellement qu'il y
a des effets fupérieurs à toute puiffance créée, que le Tout-puiffant s'eft réfervés pour fe faire connoître.

D'ailleurs, il faut aller du connu à
à ce qui l'eft moins ; & nous ne pouvons mieux juger des Loix fur lefquelles la Providence gouverne les
intelligences invifibles, que par celles qui réglent le rapport de nos ames
avec les corps. Dieu a laiffé à l'homme pécheur un grand pouvoir fur fon

corps, & par cette portion de matière sur les autres corps qui nous environnent ; mais ce pouvoir est borné par certaines loix de la communication des mouvemens, au-delà desquelles nos désirs sont impuissants & inefficaces. Sur cela les saints Pères ont jugé que le Démon, depuis sa chûte, avoit conservé le pouvoir dépendant & secondaire d'agir sur les corps ; que ce pouvoir étoit plus étendu que le nôtre ; mais qu'il étoit pourtant limité par des loix prescrites par la Providence ; que le Démon ne pouvoit rien au-delà de ces loix, & que dans l'exécution même l'exercice de sa puissance étoit toujours dépendant & assujetti à la volonté & à la permission divine.

Suivant ces loix permanentes du gouvernement du monde visible & invisible, loix qui prescrivent & ré-

glent la nature , la puiffance , l'activité de toutes les chofes créées , les
Démons peuvent produire des effets
furhumains & furnaturels, en ce fens
que les Démons impriment occafionel-
lement à la matière des mouvemens,
des déterminations, des configurations
que ni les ames humaines ni les corps
ne fauroient procurer. Mais, fuivant
ces mêmes loix, les Démons ne peuvent
paffer les barrières pofées par la Providence, ni faire des Miracles proprement dits , que Dieu a réfervés à fa
propre volonté. Les hommes & bien
plus les faints Anges , obtiennent ces
fortes de Miracles & les opèrent dans
un fens véritable , en déterminant l'E-
tre tout-puiffant à les faire par leurs
faints défirs , par la prière accompa-
gnée d'une humble confiance à laquelle tout eft donné; mais cette prière & cette confiance ne pouvant fe

trouver dans les Démons, tout pouvoir, toute voie d'influer dans ces merveilles du premier ordre leur est interdite.

On vient d'insister un peu sur le pouvoir des Démons, parceque quelques Théologiens modernes n'ont pas peu contribué à obscurcir cette matière, & que les ennemis de la Religion révélée cherchent dans les disputes de quoi affoiblir les fondemens de cette Religion : mais la Vérité est indépendante de toutes les variations & de toutes les subtilités que l'esprit humain peut inventer : ceux mêmes qui cherchent à la combattre, lui rendent souvent hommage comme malgré eux ; on peut dire qu'elle échappe de leur bouche, lorsqu'ils voudroient la retenir captive, la couvrir de nuages, & la défigurer par des subtilités.

Notre Vicaire en fournit un bel
exemple. Voici ce qu'on lit dans sa
profession de Foi, ou plutôt dans son
abjuration : » Si la vie & la mort de
» Socrate sont d'un Sage, la vie & la
» mort de Jesus sont d'un Dieu. Di-
» rons-nous que l'histoire de l'Evan-
» gile est inventée à plaisir, mon ami,
» ce n'est pas ainsi qu'on invente,
» & les faits de Socrate, dont per-
» sonne ne doute, sont moins attestés
» que ceux de Jesus-Christ. Au fond,
» c'est reculer la difficulté sans la dé-
» truire ; il seroit plus inconcevable,
» que plusieurs hommes d'accord eus-
» sent fabriqué ce Livre, qu'il ne l'est
» qu'un seul en ait fourni le sujet.
» Jamais des Auteurs Juifs n'eussent
» trouvé ni ce ton ni cette morale,
» *& l'Evangile a des caractères de vé-*
» *rité si grands, si frappans, si par-*
» *faitement inimitables, que l'inven-*

» *teur en seroit plus étonnant que le*
» *héros* «.

Comment conçoit-on qu'un homme qui tient un pareil langage, se déclare ensuite contre la révélation, & se plonge de gaieté de cœur dans l'abîme du Septicisme? C'est une contradiction qui n'a point d'exemple ; & l'on auroit presque envie de croire qu'une main étrangère aussi éloquente que celle du Vicaire, a glissé cette tirade, afin de ménager à celui-ci un moyen de revenir à la Religion révélée, & de la défendre dans une profession de foi contraire. Peut-on, en effet, rien dire de plus juste & de plus éloquent : » *L'Evangile a* » *des caractères de vérité si grands, si* » *frappans, si parfaitement inimita-* » *bles, que l'inventeur en seroit plus* » *étonnant que le héros.* Ces mots seuls contiennent une apologie en-

tière de la Religion révélée , & ren-
versent d'un seul coup tout le syftême
de la profeffion de Foi. Eft-il poffible
de voir fortir de la même bouche une
eau douce & amère , une eau vivi-
fiante & une eau qui empoifonne.
Le grand Boffuet n'avoit-il pas raifon
de dire , que les contradictions étoient
un accident inféparable de la maladie
qu'on appelle *erreur ?*

Peut-on faire un parallèle entier
entre Jefus-Chrift & Socrate , fans
fentir auffi-tôt la différence infinie
qu'il y a entre ce Philofophe & le
Chef augufte de notre Religion ? On
n'a pas befoin d'empoifonner les vertus de Socrate , ni de diminuer la
beauté de fa morale , pour comprendre que ce parallèle ne peut être fait
que par les ennemis de la révélation :
ceux-ci donneront volontiers toutes
les vertus imaginables à Jefus-Chrift ,

plutôt que de lui accorder la qualité de Dieu fait homme, & de Rédempteur du genre-humain : ils conviendront, si l'on veut, que Socrate eſt au-deſſous de Jeſus - Chriſt, pourvu qu'on les diſpenſe d'adorer dans l'unité d'une Perſonne, la Nature divine & la Nature humaine. Leurs éloges ſont des blaſphêmes, dès qu'ils ont le malheur de regarder Jeſus-Chriſt comme un pur homme, & qu'ils ruinent ſa divinité : ils détruiſent d'un même coup tous les Myſtères, & par conſéquent l'unique Religion que Jeſus - Chriſt eſt venu nous enſeigner.

Oublions pour un moment les auguſtes qualités du Meſſie, & ne conſidérons que tout ce qu'on apperçoit du premier coup d'œil dans ce Livre divin, qui contient l'hiſtoire de ſa vie. A-t-on jamais vû ſur la terre un

homme , dans lequel on ait remar-
qué tant de caractères d'innocence &
de fainteté ; je veux dire , tant de
mépris & d'indifférence pour le monde , tant d'amour pour la vertu, tant
de zèle pour la gloire de Dieu ? ajoutez à cela, l'exemption totale de toutes les foibleffes les plus inféparables
de l'humanité. Apperçoit - on toutes
ces vertus dans le fils de Sophroni-
que ? Tout défabufé qu'il étoit dès
fables payennes, ne facrifioit - il pas
aux Dieux du Pays, tant en public,
qu'en particulier ? N'aprouva - t - il
pas l'Oracle de Delphes , qui or-
donnoit de fe conformer au culte établi en chaque lieu ? Cette conduite
annonce - t - elle beaucoup de mépris
& d'indifférence pour le monde , &
beaucoup d'amour pour la vérité ? Socrate , dans ces derniers mom'ens,
qu'on vante fi fort, ne parle-t-il pas

plutôt en homme qui souhaite l'immortalité de l'ame, qu'en Philosophe
qui en est intimement persuadé? A-
près avoir tâché de persuader ses amis
dans la prison, on voit bien qu'il n'est
point rassuré lui - même. Il finit son
discours avec des doutes, & tous ses
raisonnemens n'aboutissent qu'à dé-
tourner de son esprit l'image de la
mort. Voilà ce Philosophe qui a pé-
nétré dans le sein de la Divinité, qui
a découvert toutes les vérités utiles,
& qui a pratiqué toutes les vertus,
s'il faut en croire ses Apologistes. Le
coq qu'il sacrifia à Esculape, n'est,
selon eux, qu'une cérémonie louable
que la Religion populaire exigeoit.
Quelle sincérité! ou plutôt quelle foiblesse !

Jettons plutôt les yeux sur l'Auteur
& le Chef du Christianisme, & ne
suivons pas un parallèle sacrilége. On

n'a jamais vu fortir de la bouche de Jefus - Chrift aucune parole de tromperie : il a été dès fa naiffance faint, innocent, fans tache, féparé des pécheurs : innocence parfaite, pureté de mœurs, tempérance, juftice, douceur, bonté, défintéreffement, patience portée au plus haut dégré, furtout un entier dévouement à Dieu, & un zèle ardent pour le falut des hommes. Tels font les traits qui compofent le tableau de l'Homme-Dieu.

Avec des mœurs fi pures, il n'a point donné dans une extrême rigidité : il n'eut point un caractère fombre & auftère : il fe trouve à des nôces où il a été invité : il s'eft rencontré à des feftins avec différentes perfonnes : c'eft un Médecin qui ne fuit pas les malades : il cherchoit toujours les occafions de faire du bien, malgré la cenfure de l'orgueilleux Pharifien :

on n'apperçoit pas la moindre trace
d'ambition : il se cache & se retire,
quand une troupe indiscrete pense à
le faire Roi : il ne veut pas qu'on di-
vulgue ses Miracles : il évite tout ce
qui a l'apparence d'éclat : il parle avec
dédain des richesses : il ne ménage
pas les Grands : il censure également
& les Sadducéens, & les Pharisiens,
& les Scribes, sans chercher à plaire
ni aux uns ni aux autres : il se garde
bien de fomenter les semences de di-
vision qui se trouvoient parmi le Peuple : son premier discours tend à cal-
mer les esprits & à faire l'éloge des
pacifiques : il prononce qu'on doit rendre à César ce qui est à César, & à Dieu
ce qui est à Dieu : il écarte de l'esprit
de ses Apôtres toute idée de domina-
tion : il s'abaisse jusqu'à leur laver les
pieds, & leur donne une belle leçon
d'humilité : il retient le zèle de saint

Pierre, & se livre volontairement entre les mains de ceux qui vont le mener au supplice.

Jesus - Christ est le Docteur de la
charité par son exemple , humain ,
compatissant ; son cœur étoit animé
de cette bienveillance universelle , si
digne du Sauveur du monde. Guérir
les malades , consoler les affligés , instruire les ignorans , soulager les mal-
heureux , aller de Ville en Ville en
faisant du bien , annoncer l'Evangile
aux petits & aux pauvres : Voilà son
unique occupation. Ses Miracles ne
sont pas moins des actes de bonté
que de puissance. Il converse avec les
pécheurs , & les invite à la péniten-
ce ; sa charité embrasse tout, Samaritain, Juif., Infidèle , Croyant : il ne
ménage point les faux dévots ; ce n'est
qu'à l'égard de ceux-ci qu'il emploie
ses plus fortes censures.

Il pardonne. Ses Disciples veulent faire tomber le feu du Ciel sur une petite Ville qui lui avoit fermé la porte ; il leur dit : *Vous ne sçavez de quel esprit vous êtes animés : car le Fils de l'homme n'est pas venu pour perdre les hommes , mais pour les sauver* Il s'attendrit & pleure sur Jérusalem ; il baise Judas pour le faire rentrer en lui-même ? un traître devoit-il s'attendre à un tel traitement ? Ni plaintes ni invectives contre ses Juges ; muet quand les Soldats le maltraitent; il se laisse mener comme un agneau à la boucherie ; il souffre sans murmure un supplice douloureux ; il prie pour ses bourreaux ; son dernier soupir est pour eux : *Pardonnez-leur, parce qu'ils ne sçavent ce qu'ils font.*

Il n'étoit pas insensible. Il sentoit toute l'injustice & la barbarie de ses ennemis : *Mon Père , s'il est possible , faites que ce calice s'éloigne de moi : néanmoins que ma volonté ne s'accomplisse pas, mais la vôtre.* Il ne brave point la mort, il s'y résigne : nul courage orgueilleux qui cherche à se dédommager de l'ignominie : il meurt avec humilité, en se soumettant à la volonté de Dieu : il meurt avec charité, en regardant le bien qu'il va procurer aux hommes. Plus on réfléchit sur les circonstances de sa mort, plus on y trouve que chaque trait y caractérise une humble innocence, jointe à une vraie magnanimité : ce qui fait dire à si juste titre, que même, à parler humainement, & sans aucun égard aux sentimens qu'inspire la Foi, il n'y eut jamais rien de si grand, de si beau, de si sublime & de si touchant que la mort de Jesus-Christ.

Si nous passons ensuite à la doctrine ; quelle sagesse ! quelle sainteté !

quelle sublimité ! tout y est digne de la Raison & de la plus saine Philoso-phie : tout y est proportionné à la misère & à l'excellence de l'homme. Rien n'égale la bonté de son mini-stère. Il déclare qu'il est venu déli-vrer les hommes de la mort éternel-le ; d'ennemis de Dieu qu'ils étoient, les rendre ses enfans ; leur ouvrir le Ciel & leur en assurer la possession : il leur a apporté la science du salut, & la doctrine de la Vérité : il nous nourrit de son corps, il nous lave de nos souillures, en nous appliquant le prix de son Sang : en un mot, il nous assure qu'il est notre voie, notre vérité, notre vie, notre justice, notre rédemption, notre lumière.

Mais si sa vie & sa doctrine nous prouvent sa divinité, tout ce qui l'a précédé ne nous permet point d'en douter. En effet, il a été prédit & promis

promis aux hommes depuis la nais-
fance du Monde. A peine Adam est-
il tombé, qu'on lui montre de loin
le Réparateur. Dans les fiécles fui-
vans, Dieu ne paroît, ce femble,
occupé qu'à préparer les hommes à
fon arrivée. Les circonftances dans
lefquelles Jéfus-Chrift a été prédit,
font encore plus merveilleufes que les
prédictions mêmes. Il eft prédit par
tout un Peuple, annoncé pendant quatre mille ans par une longue fuite de
Prophetes, figuré par toutes les cérémonies de la Loi, attendu par tous
les Juftes, montré de loin dans tous
les âges : ce n'eft pas pour un événement particulier, c'eft pour être la
reffource du Monde condamné, le
Légiflateur des Peuples, la lumière
des Nations, le falut d'Ifraël. Quel
piége pour la Religion de tous les fiécles, fi des préparatifs fi magnifiques

Q

n'euſſent annoncé qu'une ſimple créature , & dans des temps ſur-tout où
la crédulité des Peuples mettoit ſi facilement au rang des Dieux les hommes extraordinaires ?

A l'éclat des prophéties , ajoutez
celui de ſes œuvres & de ſes prodiges , & vous verrez que ſa divinité
brille par-tout : on convient que dans
les ſiécles qui l'avoient précédé , il
avoit paru ſur la terre des hommes
extraordinaires , que le Seigneur ſem-
bloit rendre dépoſitaires de ſa vertu
& de ſa toute-puiſſance : mais quand
on y regarde de près , dans leur puiſſance même , tous ces hommes miraculeux portoient toujours des caractères de dépendance & de foibleſſe :
Jeſus-Chriſt , au contraire , opere les
plus grands prodiges avec une facilité
toute-puiſſante & une ſouveraine indépendance.

Peut-on jetter les yeux sur les circonstances merveilleuses de sa vie, sans être ébloui de l'éclat de divinité qui les accompagne ? Conçu par l'opération du Très-haut, il naît d'une Vierge pure : à peine est-il né, que des Légions célestes font retentir dans les airs des Cantiques d'allégresse, & nous apprennent que cette naissance rend à Dieu sa gloire, & la paix aux hommes. Peu après, un Astre nouveau conduit à son berceau des Sages du fond de l'Orient : un juste & une sainte femme annoncent sa grandeur future : les Docteurs assemblés voient avec étonnement son enfance plus sage & plus éclairée que la sagesse des vieillards : à mesure qu'il avance, sa gloire se développe ; Jean-Baptiste s'abaisse devant lui ; le Ciel s'ouvre sur sa tête ; les Démons effrayés ne peuvent soutenir sa pré-

fence ; le Père célefte déclare qu'il eft
fon Fils bien - aimé , & le propofe
comme la Loi vivante & éternelle ,
en commandant de l'écouter. Si du
Thabor nous paffons fur le Calvaire ,
ce lieu où devoient fe confommer
tous les opprobres du Fils de l'homme , ne laiffe pas d'être encore le
théâtre de fa gloire ; toute la nature
en défordre l'y reconnoît comme fon
auteur , & confeffe fa divinité : il ref-
fufcite trois jours après , non par une
vertu étrangère , ni pour mourir de
nouveau comme tant d'autres ; mais
par fa propre puiffance , & pour jouir
déformais d'une vie immortelle. Enfin il monte au Ciel, ce n'eft pas un
char de feu qui le tranfporte en un
clin d'œil, il s'éleve lui - même avec
majefté ; les Anges viennent au-de-
vant de lui , & le promettent encore
une fois à la terre , environné de

gloire & d'immortalité. Qui ne reconnoîtroit à ces traits le Dieu du Ciel, qui, après avoir conversé avec les hommes pour les tirer de leur égarement & de leur misère, va reprendre possession de sa gloire ? Peut-on faire la plus petite réflexion sur ce tableau racourci de l'Homme-Dieu, sans répéter avec plaisir & avec plus de conséquence ces paroles du Vicaire : »*Si la vie & la mort de Socrate* »*sont d'un Sage, la vie & la mort de* »*Jesus sont d'un Dieu, & l'Evangile* »*a des caractères de vérité si grands,* »*si frappans, si parfaitement inimita-* »*bles, que l'inventeur en seroit plus* »*étonnant que le héros :* & n'a-t-on pas horreur en même-temps, & du Septicisme qui suit de si belles paroles, & des contradictions qui en sont inséparables ?

Ajoutons à ce tableau une réflexion

de saint Juſtin qui convient ſi fort à notre ſujet : Socrate a eu beau avoir des Diſciples , aucun d'eux n'a voulu mourir pour la doctrine de ſon Maître : Jeſus-Chriſt , au contraire , a eu des Diſciples qui ont ſoutenu ſes maximes juſqu'à la mort , ſans pouvoir être arrêtés , ni par les préventions où ils avoient été nourris , ni par les menaces des hommes : c'eſt parce qu'ils ſuivoient , non la foibleſſe de la Raiſon humaine , dit S. Juſtin , mais la force du Père ineffable.

On ne doit pas perdre de vue , que parmi ces Martyrs qui ont rendu témoignage à Jeſus-Chriſt , nous comptons les Apôtres , les Ignace , les Polycarpe , les Juſtin ; les Irénée , les Cyprien , & tant d'autres diſtingués par leur ſcience & par leur vertu. Il y en eut pluſieurs qui touchoient aux temps Apoſtoliques , & qui par conféquent avoient pu fçavoir par eux-mêmes la vérité de ce qu'on difoit de Jefus-Chrift & des Apôtres. S. Ignace & S. Polycarpe avoient été Difciples de S. Jean : or S. Ignace écrivoit à l'Eglife de Smyrne, que les Apôtres avoient méprifé la mort. S. Polycarpe & S. Juftin, Martyrs, moururent pour la même Caufe, après s'être convaincus par leurs propres yeux de la réalité des faits fur laquelle cette Caufe étoit fondée : les maux qu'ils ont foufferts ne leur arrivoient point contre leur attente ; ils les ont prévus, & ils ont toujours été libres de les éviter.

On ne peut attribuer leur conftance, ni à la vanité, ni à l'intérêt, ni à des principes d'éducation ; & leur concert à fouffrir pour la Religion eft trop conftant, trop univerfel, pour le regarder comme l'effet d'une manie particulière : c'étoit Dieu feul qui les foutenoit dans leurs combats.

Qui peut, difoit Tertullien, confidérer cette merveilleufe patience des Martyrs, fans qu'il s'éléve dans fon efprit quelque doute, fans que cela le difpofe à s'informer du motif qui l'a produite ? Il paroît que le but infiniment fage de Dieu, en infpirant ce généreux mépris de la vie, fut, non - feulement de montrer à quel point le Chriftianifme étoit divin, par la conftance qu'il infpiroit ; mais encore de conduire prefque certainement les Payens à l'examen d'une doctrine qui produifoit des fentimens fi fupérieurs à la nature. Ce but admirable fut rempli : les plus obftinés examinèrent, & ils crurent ; & dès qu'ils eurent cru, ils ne purent fe réfoudre d'abandonner la Vérité, & il leur coûta beaucoup moins d'être fes Martyrs.

Si les Apôtres & les Disciples de
Jesus - Christ n'étoient devenus que
courageux , au point de méprifer la
mort , on pourroit prendre ce mépris pour fanatifme , lorfqu'on ne
verroit pas en eux de la conduite &
de la fageffe. S'ils n'avoient que de
beaux difcours , mais fans fermeté ,
on regarderoit leur foibleffe comme
un défaveu de leur doctrine : mais
quand on voit des hommes, d'abord
timides , ignorans, nourris dans les
préjugés , revêtir tout-à-coup un caractère élevé , judicieux , touchant,
prêcher une vertu pure , délicate ,
auftère , & la pratiquer eux-mêmes ,
immoler tous leurs intérêts & leur vie
même , pour ramener les hommes à
une profeffion pareille , dont tout le
fruit fera pour eux, de faire triompher le culte du vrai Dieu, la juftice ,
la charité & la tempérance ; on s'é-

crie : Ces hommes sont mus par un principe divin.

On ne doit point oublier cette réflexion judicieuse qui a été faite depuis long-temps, que les erreurs des faux Martyrs étoient, non des faits palpables, mais des idées ou des systêmes de leur invention, auxquels une vanité opiniâtre s'attache quelquefois invinciblement. Les Martyrs Chrétiens étoient dans un cas bien différent. Ils soutenoient, non leur doctrine propre, mais celle de Jesus-Christ même & de ses Apôtres, appuyée par des Miracles. Tout rouloit sur des faits en faveur desquels il n'est pas naturel de se passionner au point d'abandonner ses intérêts les plus chers. Ils soutenoient que Jesus-Christ & ses Apôtres avoient enseigné telle & telle doctrine, avoient fait tels ou tels prodiges. Un témoignage de cette nature donné jufqu'à la mort, à des faits auxquels on n'a eu aucune part, ne fauroit être dicté par la vaine gloire, ou pour mieux dire, il n'offre rien qui n'entraîne les fuffrages. C'eft ce qui fait dire à M. Pafcal avec énergie : *J'en crois volontiers des témoins qui fe font égorger.* Tous les Martyrs font morts pour foutenir les mêmes faits, dont le récit bien attefté, leur avoit été tranfmis : c'eft ce que l'on n'a jamais vû dans les fauffes Religions. Les impies ont donc mauvaife grace de nous appliquer avec un air emphatique, cette Sentence :

Le crime a fes Héros,

Et l'erreur fes Martyrs.

Nos Martyrs ont fouffert la mort, non pour des dogmes, mais pour des faits dont il étoit impoffible qu'ils ne fuffent pas inftruits. Plût à Dieu que notre Vicaire eût tourné fes réflexions fur ce beau caractère du Chri-

ftianifme, & n'eût pas donné la tor-
ture à fon efprit pour ramaffer les anciennes objections fi fouvent détrui-
tes!

Comment a-t-il ofé parler du Peuple Juif dans un Ouvrage où il en-
treprend de renverfer la Religion révélée? Ce Peuple feul, foit dans fon
origine, foit dans fa durée, fournit
les argumens les plus victorieux de la
vérité de la Religion Chrétienne. Par-
courons rapidement les réflexions foli-
des que les bons Auteurs ont faites fur
ce Peuple. N'eft-il pas furprenant d'a-
bord, que la Nation Juive ait eu, à
l'exclufion de toutes les autres, une
Religion pure & raifonnable dans fes
Dogmes, dans fon Culte & dans fes
Loix? D'où vient ce privilége? Cette
Nation n'étoit pas d'une efpéce di-
ftinguée du refte des hommes; & naturellement elle n'avoit ni plus d'efprit ni plus d'induftrie que les autres:

au contraire, les Grecs & les Romains l'emportoient en fait de science & de politique fur tous les autres Peuples de la terre. D'où vient donc qu'en matière de Religion, le Juif, cette Nation difgraciée du genre-humain, a excellé? D'où vient que nous avons reçu d'eux les connoiffances les plus fublimes, les Loix les plus fages & les plus équitables, le Culte le plus pur pour le temps, & le plus raifonnable qui fût fur la terre, & cela dès l'enfance du Monde, dès la première antiquité? première réflexion qui préjuge en faveur de ce Peuple & de fa Religion.

D'où vient que de tous les Peuples qui ont été autrefois au monde, chaque Nation a changé fa Religion, fes Coutumes & fes Loix, jufques-là que chez les Payens même, il n'y refte pas la moindre trace de paganifme : au lieu qu'on voit des Juifs, des Karaïtes même , qui font des Juifs originaires , apparemment des anciens Sadducéens & des Samaritains , qui tous , quoique divifés par une mutuelle averfion , ne laiffent pas de recevoir unanimement la Loi de Moyfe , & conviennent de fon antiquité & de fa divinité ? Il faut bien être convaincu d'une vérité , lorfque ni la mifère , ni les mépris , ni les perfécutions , ni les changemens des lieux , ni les viciffitudes des temps , ne peuvent l'arracher du cœur. Seconde réflexion qui faute aux yeux.

On voit par tous les témoignages des Auteurs profanes , que la Nation des Juifs eft la plus ancienne. Tout ce qu'on en dit , tout altéré & corrompu qu'il eft , fait affez connoître néanmoins , qu'il a été tiré de l'Hiftoire fainte ; de forte que bien loin

que cette Histoire sacrée touchant
le Peuple Juif, puisse être réfutée par
les Auteurs profanes, qu'au contraire, tout ce qu'ils racontent de ce
Peuple doit être nécessairement expliqué par les divines Ecritures, pour
avoir quelque vraisemblance.

Moyse, dans ses Ouvrages, parle
des usages, des coutumes, des repas,
des mariages, nomme plusieurs Peuples, cite des Villes, & entre dans
un grand détail sur ce qui se passoit
alors parmi les hommes. On a con-
fronté tout ce que Moyse a dit, avec
les Histoires les plus anciennes qui
instruisent des temps les plus reculés;
& l'on a démontré, par l'autorité des
anciens Auteurs, & par tous les monumens de l'Antiquité qui existoient
autrefois, que l'Histoire du monde
entier s'accorde avec celle de Moyse,
& que tout ce qu'il rapporte dans son

Livre, eſt conforme à la vérité.

D'après ces conſidérations, on peut faire à l'Auteur d'Emile, un argument qui nous paroît victorieux : Ou les Livres attribués à Moyſe & aux Prophetes ont exiſté avant l'époque connue du Chriſtianiſme, ou ils n'ont été réellement faits que quand les Chrétiens ont commencé de paroître dans le monde. Avouer le premier, c'eſt avouer que ces Livres ſont divins, & qu'ils ne ſont nullement l'ouvrage des hommes. Il eſt certain que prévoir les événemens futurs qui dépendent d'un cauſe libre, eſt un attribut incommunicable de la Divinité : les prédire, eſt une opération qui ſurpaſſe les lumières, non-ſeulement de l'homme le plus éclairé, mais de toute intelligence créée : or, il y a pluſieurs prédictions dans les Livres de l'Ancien Teſtament, dont Dieu ſeul

à pû être l'auteur, n'y eût-il, par
exemple, que la converſion des Gentils & la réprobation des Juifs : deux
faits nòtoires qu'on ne peut conteſter.

Dans le ſecond cas, on ne peut
plus regarder les Juifs comme une
Nation diſtinguée des autres Peuples
par ſes Loix, par ſes cérémonies, par
ſa Religion : on ne peut même aſſurer qu'il y ait jamais eu de véritables
Juifs, puiſque les ſeuls titres de ce
Peuple ſont les Livres qu'on lui attribue. Abraham, Iſaac, Jacob, ſont
des Etres imaginaires : la baguette
d'Aaron eſt auſſi fabuleuſe que le ca-
ducée de Mercure ; & le fameux Temple de Salomon n'a pas plus exiſté,
que les Palais enchantés des Fées. Il
n'y a que le Vicaire de M. Rouſſeau
qui puiſſe adopter pareilles extra-
vagances ; d'ailleurs, il eſt impoſſible
qu'un ſeul homme ait fabriqué tout

R

l'Ancien Teſtament : le moyen ſeul de faire une infinité de copies de ſon Roman en hébreu, en Syriaque, en Chaldaïque, en Samaritain, eſt impraticable. Comment faire adopter le premier manuſcrit ? De quel œil l'auroit-on regardé, quand il l'eût préſenté la première fois ? » Vous pré-» tendez, lui auroit-on dit, que no-» tre Nation, tirée de l'Egypte par un » prodige inouï, a poſſédé la Paleſti-» ne pendant tant de ſiécles ; qu'elle y » a eû des Juges, des Rois, des Prê-» tres, des ſacrifices ; qu'elle s'eſt » ſouvent révoltée contre Dieu, qui » lui a fait éprouver les plus terribles » châtimens ; que les Tribus ont été » emmenées en captivité ; que celle » de Juda eſt revenue en Judée, qu'-» elle a rétabli ce Temple qui ſubſi-» ſte encore ; que nous attendons un Meſſie qui nous a été promis. Com-

» ment avez - vous pû inventer des
» faits si visiblement faux ? allez,
» vous êtes un visionnaire & un im-
» posteur «. Il n'est donc pas plus possible que cet homme eût persuadé ces
fables aux Juifs & aux Chrétiens,
qu'il n'est possible qu'un avanturier
vienne aujourd'hui persuader aux
François que leur Monarchie est aussi
ancienne que celle des Chinois, &
que leurs Monarques descendent en
droite ligne du premier Empereur de
la Chine.

Il faudroit que ces imposteurs eussent fabriqué les Livres de Joseph
l'Historien, & de Philon le Juif d'A-
ristée, qui parle de la version des
Ecritures, faite par les Septante sous
le Roi Ptolomée, avant la naissance
du Christianisme. En effet, on ne
peut soutenir, sans renverser la certitude historique, que la Version des

Septante n'exiſtoit pas avant la naiſ-
ſance de Jeſus-Chriſt ; & cette Ver-
ſion contient tout ce qu'on lit dans le
Texte hébraïque. Les Juifs & les A-
pôtres ont cité le Texte hébraïque &
les Septante , pour prouver que les
prédictions étoient accomplies. Il faudroit enfin qu'ils euſſent gliſſé avec
adreſſe une infinité de traits dans
tous les exemplaires des Livres profanes , de Cicéron , d'Horace , de
Phlégon , de Tacite , de Salluſte , de
Quintecurce , qui parlent ſi ouverte-
ment des Juifs , de leur Temple , de
leur Loi , de leurs guerres , & qu'ils
euſſent trouvé le moyen de gliſſer
dans toutes les Bibliothéques , ce
nombre infini de volumes immenſes
en toute ſorte de Langues , ſans que
ni Juifs, ni Chrétiens , ni Payens,
euſſent pû découvrir une ſupercherie
& ſi groſſière & ſi univerſelle. Tout

cela est-il possible, sans que le Tout-puissant s'en soit mêlé, & qu'il n'ait été ou auteur ou complice d'une si incompréhensible tromperie ? Mais peut-on penser ceci sans blasphême ? Dans cette chimérique supposition, il faudroit que les plus grands fourbes & par conséquent les plus insignes scélérats, fussent les Auteurs du Livre le plus beau, le plus pure, le plus sublime; du Livre le plus digne de la Raison épurée ; du Livre qui renferme la morale la plus sévère, la sagesse la plus profonde, & les conseils les plus salutaires. L'ennemi de la Religion révélée a-t-il la vue assez perçante pour appercevoir la liaison de toutes ces choses inalliables?

Je demande à l'Auteur d'Emile, s'il n'est pas constant que les Juifs attendoient le Messie vers le temps que Jesus-Christ a paru? Ils ne pouvoient

certainement l'attendre , qu'en vertu
de ces prédictions , qui marquoient
affez les conjonctures où il devoit paroître. Ces conjonctures étoient l'a-
néantiffement de la puiffance Souve-
raine dans la Tribu de Juda , & la
fin des fameufes femaines de Daniel.
De quelque manière qu'on explique
la prophétie de Jacob ; il eft certain
qu'elle regardoit le Meffie & le temps
de fa venue , & qu'il ne devoit pas
venir avant que le Peuple Juif cefsât
d'avoir la fouveraineté : il ne l'avoit
plus lorfque Jefus-Chrift a paru. Hérode , Prince étranger , étoit Roi de
Galilée , & un Gouverneur Romain
commandoit dans la Judée. De même , quelque époque que l'on donne
au commencement des femaines révélées à Daniel , elles finiffoient au
tems de Jefus - Chrift : c'étoit donc
vers ce temps-là que la Nation Juive

devoit naturellement attendre le grand Prophete. D'où font venus les Hérodiens, qui regardoient Hérode comme le Meffie ? D'où font venus ces faux Chrifts qui ont troublé la Judée ? D'où eft venu à Jofeph , Hiftorien Juif, la penfée de donner le glorieux titre de Meffie à Vefpafien , fi ce n'eft de la perfuafion où étoient tous les Juifs , que c'étoit alors le temps de la venue du Meffie ? perfuafion qui avoit paffé jufqu'aux Gentils , comme il eft prouvé par un Texte précis de Suétone : *Percrebuerat Oriente toto vetus & conftans opinio effe in fatis , ut eo tempore Judæá profecti rerum potirentur.* Sueton. in Vefpaf. S'il eft évident que la Nation Juive étoit dans l'attente du Meffie , lorfque Jefus-Chrift s'eft manifefté au monde ; il ne l'eft pas moins , que Jefus-Chrift a rempli dans la plus exacte précifion tous les caractères du Messie, tracés dans les Livres prophétiques. Il est né, il a vécu, il a instruit, il est mort, il est ressuscité de la manière dont le Messie devoit naître, vivre, enseigner, mourir & ressusciter. Les Juifs n'ont donc pû méconnoître le vrai & l'unique Libérateur, que par un profond aveuglement : mais comment concevoir que les Juifs aient pu rejetter des faits aussi incontestables & aussi publics que ceux de l'Evangile ? Leur refus n'en infirme pas la vérité. Il pouvoit venir de l'indifférence qui n'examine rien. Ce caractère a été très-commun dans tous les temps, & l'est sur-tout dans notre siécle. Il pouvoit venir de l'amour du repos, qui évite de sçavoir ce qui peut le troubler; ou enfin de la prévention qui élude tout, & de la haine qui va jusqu'à attribuer à l'esprit de ténebres, ou à des caufes purement naturelles, des merveilles pleines de force, de dignité, de liberté, & de tous les caractères les plus divins. D'ailleurs, il nous eft affez inutile d'examiner comment les Juifs ont pû réfifter à l'éclat des merveilles opérées par le Meffie, puifque les Livres faints avoient prédit d'une manière fi claire leur aveuglement & leur réprobation. Nous fommes avertis qu'ils fe tromperont fur le point qui importe le plus à la Religion. Plus la confpiration contre Jefus-Chrift eft générale, plus nous fommes raffurés : leur jugement forme le nôtre par oppofition au leur. Nous croyons ce qu'ils nous défendent de croire : nous allons à celui qu'ils rejettent ; & nous fommes certains que nous marchons alors dans la voie ; parce que le Saint-Efprit nous affure qu'ils s'égarent. Nous attendons feu-

lement un peu de temps , pour voir
si les Gentils-adoreront celui que les
Juifs ont mis en croix ; parce que ce
second prodige, plus incroyable encore
que le premier, nous est donné comme
une dernière marque à laquelle nous
devons reconnoître le vrai Libérateur. Nous apprenons que tout fléchit
devant lui , que les Idoles tombent ,
que le Capitole s'humilie , que les
Empereurs , devenus fidèles , placent
la Croix dans le lieu le plus visible
de leur diadême : nous n'hésitons
plus ; nous courons ; & pleins d'admiration , nous nous prosternons devant Jesus - Christ , & parce que les
siens ne l'ont pas reçu , & parce que
les étrangers l'adorent , les deux signes font unis , & la preuve est complette qu'il est celui qui , long-temps
avant sa venue , en a donné ces deux
marques à ses Prophetes.

Si l'attente des Juifs au temps de
la venue de Jesus-Chrift, fi leur a-
veuglement & leur mépris pour Jesus-
Chrift & fes Miracles, dépofent en
faveur de la Religion Chrétienne ;
combien plus leur fituation actuelle eft-
elle propre à ouvrir les yeux aux ennemis de cette Religion ! Leur réprobation, leur difperfion, l'expulfion de
leur Patrie, le mépris des Peuples,
& la haine prefque univerfelle qu'ils
font obligés de fouffrir, font autant
de faits notoires que nous avons fous
les yeux. Les prophéties qui annoncent à ce Peuple tous ces malheurs,
font entre nos mains. Nous ne voyons
plus ces anciens Peuples, fi fameux
dans l'Hiftoire : les Athéniens, les
Grecs, les Affyriens, les Lacédémo-
niens, & les Romains ont péri. La
France ne reconnoît plus les anciens
Gaulois ; l'Angleterre ne difcerne plus

lés Saxons & les Danois , tout eſt confondu : cependant les Juifs , qui ſont depuis le commencement du monde , & par qui le monde commence , ſubſiſtent. L'ennemi de la révélation appellera-t-il ceci *hazard ?* Mais ce mot qu'on a ſi ſouvent dans la bouche , eſt un mot vuide de ſens , dont on couvre ſon ignorance. Ce qui eſt hazard au conſeil humain , eſt ici un deſſein concerté dans les deſſeins du Très - haut , qui veut triompher de nos réſiſtances , & mettre la divinité de ſes oracles dans le plus grand jour.

Je ſuppoſe que les moyens que Dieu fait ſervir pour la conſervation des Juifs , pris en particulier , n'ont rien de ſurnaturel ; mais n'eſt-il pas viſible , à quiconque réfléchit , que la Providence s'intéreſſe d'une façon ſpéciale à la conſervation de ce Peuple?

Car n'est-il pas infiniment singulier,
que la haine des autres Nations con-
ferve les Juifs, & qu'en mille autres
occafions une femblable haine ait eu
des effets tout contraires? La haine
des vainqueurs a prefque toujours été
la deftruction de la Religion des Nations vaincues. La haine des Peuples,
maîtres des Juifs, a caufé les plus
cruelles perfécutions & les plus af-
freux maffacres; mais elle n'eft jamais
allée jufqu'à exterminer les Juifs, ou
à leur faire abandonner leur Religion. Jamais Peuple n'a effuyé tant de
calamités, & n'a fubfifté tant de fiécles. Aucun autre Peuple, foit qu'il
ait été perfécuté, foit qu'il ne l'ait
pas été pour la Religion, ne l'a confervée durant tant de fiécles. Les vainqueurs des Juifs, ceux qui fembloient
les avoir anéantis, ne fubfiftent plus;
& les Juifs chaffés, profcrits partout,

se trouvent encore partout, se perpé-
tuent par ce qui a détruit tous les autres Peuples.

Nous avons déja vû couler dix-sept
cents ans de misère & de captivité,
sans qu'on découvre encore aucune
espèce de soulagement. L'événement
est sans exemple. Ce Peuple n'a pas
un seul lieu dans toute la terre, qui
soit à lui, où il puisse reposer la tête
ni asseoir le pied, & il se trouve établi & répandu presque par-tout. La
même main de Dieu qui le poursuit
sans fin & sans relâche, pour avoir
crucifié Jesus - Christ, le soutient &
le conserve jusqu'aux momens marqués pour rendre témoignage à Jesus-
Christ. Tout, dans ce Peuple, est digne de remarque. Les Juifs punis &
dispersés rendent témoignage à Jesus-Christ. Les Juifs rappellés & con-
vertis, lui rendront un témoignage

augufte. Les Juifs confervés par un continuel Miracle, pour conferver à Jefus-Chrift la tige & la fucceffion de ceux qui croiront un jour en lui, lui en rendent un perpétuel.

S'ils n'étoient que punis, ils ne prouveroient que fa juftice : s'ils n'étoient que confervés, ils ne prouveroient que fa puiffance : s'ils n'étoient pas réfervés pour l'adorer un jour, ils ne prouveroient pas fa miféricorde & fa fidélité, & ils ne lui feroient pas réparation de leurs outrages.

Leur difperfion montre qu'il eft venu & qu'ils l'ont rejetté. Leur confervation montre qu'ils n'en font pas rejettés pour toujours, & qu'ils croiront en lui. Par l'une & l'autre, ils déclarent qu'il eft le Meffie & le Sauveur promis ; que leur misère vient de ce qu'ils ne l'ont pas connu ; que la seule espérance qui leur reste , est de le connoître un jour.

Ce n'est point à nous à demander pourquoi Dieu les supporte si long-temps sans les éclairer , & pourquoi il laisse une si grande interruption entre les pères fidèles & les enfans qui le deviendront. Ce seroit vouloir mesurer la hauteur du ciel , & vouloir sonder les profondeurs de la terre , que de prétendre examiner les jugemens impénétrables de Dieu & les abîmes de sa sagesse.

Il ne faut que ce Peuple , pour renverser la profession de Foi de notre Vicaire, toute éloquente qu'elle puisse être. Je le répete : ce n'est pas de l'harmonie des mots , de l'élégance des phrases, & du ton éloquent qu'il s'agit ici. Il s'agit des preuves solides ; des faits notoires , & des choses les plus intéressantes pour le bonheur

de

de l'homme : enfin , qui pourra réfi-
ster à cet assemblage merveilleux de
toutes les preuves qui viennent à l'appui de cette Religion révélée ?

Une Religion toujours proscrite &
toujours subsistante , persécutée avec
fureur pendant trois siécles , & à la
fin victorieuse de la persécution & des
persécuteurs par la patience. Une Religion qui , sans armes & sans intri-
gues , remue tout & renverse tout
dans le monde. Une Religion qui ,
sans les attraits de la chair , & desti-
tuée de toutes les forces humaines ,
vient à bout de tout ce qu'il y a de
plus fort dans le monde , passions ,
préjugés, superstitions, politique. Une
Religion qui , en se jouant des régles
de l'éloquence, en insultant à la science de ce monde , a captivé les grands
& les petits , a tout dompté , sçavans
& ignorans. Une Religion qui , par

S

les voies de l'humilité & de la péni-
tence, eft entrée dans les Palais des
Sénateurs, & eft montée fur le Thrô-
ne des Céfars. Une Religion qui,
traînant après foi le mépris, la haine, toutes les croix de la vie, & des
morts affreufes, a gagné tout l'Univers à un Crucifié; a fait brifer dans
toute la terre ce qu'on y avoit adoré
jufques-là, & y a fait adorer ce qu'on
avoit brifé. Une Religion qui établit
fa doctrine fur des faits qu'on ne peut
ébranler. Une Religion qui ne s'eft
établie ou perpétuée dans les cœurs,
ni en flattant la cupidité, comme a
fait l'idolatrie, ni en employant la
force, comme a fait le Mahométif-
me, ni par le procédé des difputes,
ni de l'argumentation, comme faifoit
la Philofophie en introduifant fes fy-
ftêmes, ni par la voie d'une fubite infpiration qui faififfoit les Prophetes,

ou qui révéloit de nouvelles vérités aux Apôtres : en un mot, une Religion qui a employé le moyen le plus proportionné à l'efprit humain, & le plus efficace, la conviction des faits notoires, voie ufitée parmi les hommes, & capable de contenter tous les efprits, quand ils ne font ni paffionnés, ni préoccupés. Rien n'eft plus grand que ce que cette Religion nous enfeigne de Dieu. Rien n'eft plus raifonnable que ce qu'elle prefcrit à l'homme ; & rien n'eft plus beau que l'ordre qu'elle établit dans le monde. Enfin parcourez tous les caractères de cette Religion, & vous ferez forcé de dire, fi vous êtes de bonne foi, qu'elle ne peut avoir qu'un Dieu pour auteur.

Incompréhenfibilité de Myftères, dont la connoiffance eft infiniment au-deffus de la portée de notre foible

Raison, & qu'il étoit impossible à
l'esprit humain d'inventer. Sévérité
des préceptes dont la pratique révolte
toutes les inclinations de la Nature.
Impossibilité que les Livres saints
soient fabriqués après coup par des
imposteurs. Prophéties claires, préci-
ses, intelligibles & évidemment accomplies. Miracles innombrables &
incontestablement constatés : état vil
& méprisable en apparence des Mini-
stres qui ont établi cette Religion :
force incroyable d'une infinité de
Martyrs de tout âge, de tout sexe, de
toute condition : conversions subites
& inespérées, qui n'ont pû être que
l'effet de la grace incompréhensible de
Dieu. Toutes ces preuves réunies ne
forment-elles pas une démonstration
si lumineuse & si efficace, qu'il faut
être incrédules opiniâtres & de mauvaise foi pour la rejetter ? On auroi

fait un long Ouvrage, fi l'on eut voulu fuivre notre Vicaire dans toutes
fes erreurs : on s'eft arrêté aux principales. Il falloit prévenir d'abord les
Lecteurs , qui auroient pû fe laiffer
éblouir par l'éloquence de l'Ecrivain
de Génève, & leur faire attendre avec
plus de patience une Réfutation complette & fuivie.

Je fuis, &c.

F I N.

9 782013 022286